Roswitha Wurm

Lese-Rechtschreib-Schwäche

Tipps zur Früherkennung
Neue Ideen zur Förderung

LEBEN MIT KINDERN

öbv×hpt
www.oebvhpt.at

Impressum

1. Auflage 2006 (1,00)
© öbvhpt VerlagsgesmbH & Co KG, Wien 2006
Alle Rechte vorbehalten.
Jede Art der Vervielfältigung, auch auszugsweise,
gesetzlich verboten.

Umschlaggestaltung und Layout: Pia Moest
Umschlagfotos: Roswitha Wurm
Satz: Paul Lanz
Lektorat: Susanne Held
Druck: Brüder Glöckler GmbH & Co. KG, Wöllersdorf
ISBN-10: 3-209-05468-1
ISBN-13: 978-3-209-05468-5

Inhalt

Vorwort 5

1. Eine Einführung 9
   Allgemeine Lese-Rechtschreib-Schwäche 9
   Spezielle Lese-Rechtschreib-Schwäche 10
   Differenzierte Wahrnehmung 10
   Wahrnehmung 11
   Forschungsgebiete der Legasthenie 12
   Frühkindliche Diagnostik und Förderung 12
   Nach Schuleintritt 15
   Zeitfaktor 17
2. Legastheniediagnostik 19
   Differenzierte Sinneswahrnehmungen 19
   Wahrnehmungs- und Rechtschreibfehler 21
   Was bedeutet das für die Praxis? 21
   Der Verdacht festigt sich 22
   Testverfahren 23
3. Aufmerksamkeit 28
4. Optische Wahrnehmung 33
   Erkennungsmerkmale 34
   Trainingsmöglichkeiten für zuhause 35
5. Auditive Wahrnehmung 41
   Erkennungsmerkmale 41
   Trainingsmöglichkeiten für zuhause 42
6. Raumorientierung und Körperschema 49
   Erkennungsmerkmale 50
   Fördermöglichkeiten für zuhause 51
   Fördermöglichkeiten – Körperschema 53

7.	Serialität	56
	Erkennungsmerkmale	57
	Fördermöglichkeiten für zuhause	58
8.	Symptomtraining	64
	Fördermöglichkeiten für zuhause	65
9.	Spiele für legasthene Kinder	81
	Spiele zur Förderung im optischen Bereich	82
	Spiele zur Förderung im akustischen Bereich	89
	Spiele zum Training der Raumwahrnehmung	93
	Spiele zum Training des Körperschemas	95
	Spiele zur Förderung der Aufmerksamkeit, Konzentration und Geschicklichkeit	95
	Spiele für das Symptomtraining	98
10.	Wie motiviere ich mein Kind?	101
11.	Zusammenarbeit aller Beteiligten	105
12.	Legasthenie und Computer	110
	Wichtige Kriterien für Computerspiele	111
	Spiele für die Sinneswahrnehmungen	112
	Spiele für das Symptomtraining	116
13.	Legasthenie und Fremdsprachen	121
	Symptome einer Englisch-Schwäche	122
	Maßnahmen bei einer Englisch-Schwäche	123
14.	Ergänzende Therapien	126
	Logopädie	126
	Ergotherapie	128
15.	Berühmte LegasthenikerInnen	132
16.	Glossar	135
17.	Wichtige Links	141
	Die Autorin	142

VORWORT

Fabian ist ein fröhlicher Junge, der stundenlang begeistert und glücklich mit seinen Freunden am Abenteuerspielplatz hinter dem Haus tobt. Doch es gibt auch einen anderen Fabian: Mit Tränen in den Augen stampft er wütend auf den Boden, weil er schon seit Stunden versucht, seine Hausaufgaben zu erledigen! Verzweifelt versucht er Buchstabe an Buchstabe zu reihen, aber je länger Fabian daran arbeitet, desto weniger will es ihm gelingen. Aus einer Buchstabensuppe versucht er sinnvolle Sätze zu bilden. Ein Ding der Unmöglichkeit! Aus dieser Hilflosigkeit heraus wird er zornig: „Ich bin ziemlich dumm, glaube ich!", schreit er seiner Mutter entgegen. „Ich mag nicht mehr! Ich will wieder spielen gehen!" Resigniert fragt sich auch Fabians Mutter, ob bei ihm alles in Ordnung ist.

Schwierigkeiten beim Erlernen des Lesens und Schreibens treten bei recht vielen Schulkindern auf. Wissenschaftliche Untersuchungen haben ergeben, dass etwa **10 bis 15 Prozent** der alphabetisierten Weltbevölkerung eine **so genannte Legasthenie** (Spezielle Lese-Rechtschreib-Schwäche) aufweisen. Betroffene haben einen im Normalbereich oder sogar darüber liegenden Intelligenzquotienten, plagen sich aber auffällig beim Erlernen der Kulturtechniken wie Lesen und Schreiben. Dabei ist nicht ausschlaggebend, ob die Leistungen in den übrigen Schulfächern und im Rechnen durchschnittlich oder besser sind. Allerdings können auch diese Leistungen legasthenische Ursachen haben.

Kinder, die Schwierigkeiten beim Erlernen der Buchstaben haben, sollten von Spezialisten auf ihren individuellen Stand der Legasthenie getestet und in einem auf ihre Bedürfnisse **abgestimmten Trainingsprogramm** gefördert werden, denn legasthene Kinder haben oftmals eine differenzierte Wahrnehmung in der Akustik oder Optik. Das bedeutet, dass sie Gegenstände oder Wörter, die sie sehen oder hören, auf andere

Art und Weise wahrnehmen als andere. Es bereitet den betroffenen Kindern Schwierigkeiten, Bilder und Wörter zu verbinden. Sehen sie etwa einen Baum, kann dieses Bild nicht mit den dazugehörigen Buchstaben (B, A, U, M) in Beziehung gebracht werden. Raumwahrnehmungsprobleme oder das Körperschema (rechts, links, oben, unten) können ebenfalls große Schwierigkeiten bereiten. Viele Betroffene haben außerdem Probleme damit, Buchstaben in die richtige Reihenfolge zu bringen (Serialität). Dann sehen sie im wahrsten Sinne des Wortes die bereits erwähnte Buchstabensuppe anstatt eines sinnvollen Textes.

Pädagogische Hilfestellungen gibt es erfreulicherweise immer flächendeckender in Österreich, Deutschland und der Schweiz.

In meiner kleinen Praxis für Legasthenie und Dyskalkulie erlebe ich sehr positive Veränderungen im Lernverhalten meiner SchülerInnen. Die weitaus größere Not haben Betroffene aber mit der **gesellschaftlichen Akzeptanz**.

Der achtjährige Jakob kam mit seinen Eltern in meine Praxis. Verschiedenste Gutachter hatten seinen Eltern, beide erfolgreiche Akademiker, zu verstehen gegeben, dass ihr Sohn niemals die Grundschule abschließen würde. Jakobs Vater, ein äußerst erfolgreicher Universitätsprofessor, litt fürchterlich unter der Vorstellung, dass sein aufgeweckter Sohn niemals zufrieden stellend lesen und schreiben lernen sollte. Wie erleichtert war die Familie, als bei Jakob eine ausgeprägte Form der Legasthenie diagnostiziert wurde. Der Eifer und Einsatz der Familie und der Fleiß von Jakob ist seither grenzenlos. Woche für Woche kommt er zur Trainingsstunde, erfüllt alle ihm gestellten Hausübungen gewissenhaft und hat sich in der schulischen Leistung bereits so stark verbessert, dass seine Eltern zaghaft die Überlegung anstellen, ob sogar eine höhere Schulbildung für Jakob in Frage käme. Von der empfohlenen und bereits ernsthaft in Erwägung gezogenen Sonderschuleinstufung ist mittlerweile keine Rede mehr!

Kinder wie Jakob und Eltern, die ein leserechtschreibschwaches Kind haben, brauchen die Akzeptanz ihrer Umwelt ganz besonders!

Dieser Ratgeber möchte alle betroffenen Eltern und Kinder über den Begriff „Legasthenie" bzw. Lese-Rechtschreib-Schwäche aufklären, Hilfestellungen anbieten und dazu ermutigen, mit der Diagnose auch leben zu lernen. Medizinische Ursachenforschung und psychologische Anweisungen bietet dieses Buch hingegen nicht.

Es ist **aus der pädagogischen Praxis für die pädagogische Praxis geschrieben**, ein Ratgeber also, der Eltern, TrainerInnen und LehrerInnen in ihrem Umgang mit lese- und rechtschreibschwachen Kindern unterstützen, ihre Perspektive vielleicht verändern und ihnen wichtige Einblicke durch offene und ehrliche Berichte aus der Praxis bescheren möchte. Denn das Zusammenarbeiten aller Betroffenen – des Kindes, der Eltern, der Lehrer und des Legasthenietrainers – stellt die Basis für eine **erfolgreiche Bewältigung** des Erlernens des Schreibens und (sinnerfassenden) Lesens dar!

1. EINE EINFÜHRUNG

Legasthenie und Lese-Rechtschreib-Schwäche sind häufig, aber oftmals in unterschiedlichen Zusammenhängen verwendete Termini. Um ein einheitliches Verständnis für die im Folgenden genannten Begriffe zu ermöglichen, gilt es zunächst, eine Allgemeine Lese-Rechtschreib-Schwäche (LRS) von einer Legasthenie (Spezielle Lese-Rechtschreib-Schwäche) zu unterscheiden.

Allgemeine Lese-Rechtschreib-Schwäche (LRS)

Eine Allgemeine LRS ist das Auftreten einer auffälligen und hartnäckigen Problematik eines Kindes beim Schreiben und Lesen von Texten. Das betroffene Kind macht deutlich mehr Fehler als der Klassendurchschnitt. Die Fehlersymptomatik ist ähnlich der Speziellen Lese-Rechtschreib-Schwäche, allerdings kann ein betroffenes Kind durch gezieltes Üben (z.B. durch Lernwortkarteien) diese Fehler ausmerzen. Kinder mit einer Allgemeinen Lese-Rechtschreib-Schwäche weisen bei Feststellungsverfahren keine differenzierte Sinneswahrnehmung (siehe Legasthenie) auf!
Eine Allgemeine Lese-Rechtschreib-Schwäche ist nicht anlagebedingt. Es handelt sich um eine erworbene, vorübergehende Problematik. Verursacht wird die Allgemeine LRS unter anderem durch unvorhergesehene Ereignisse im Leben des Kindes (etwa Tod eines nahen Angehörigen, Scheidung, Krankheit, Überforderung) oder aus klinisch-psychiatrischen Ursachen, entwicklungsbedingten oder intelligenzabhängigen Gründen. Allerdings kann auch ein übersehener physischer Grund vorhanden sein: Hör- oder Sehschaden oder prä- und postnatale Ereignisse. Dies abzuklären ist Sache eines Psychologen oder Mediziners. Empfiehlt also der Legasthenietrainer im Feststellungsverfahren eine

diesbezügliche Abklärung, sollten Eltern diesen Anweisungen Folge leisten.

Spezielle Lese-Rechtschreib-Schwäche (Legasthenie)

Das Wort „Legasthenie" kommt aus dem Griechischen und bedeutet „Schwäche" (Astheneia) im Lesen (legein). Die betroffenen Personen haben wie bei der Allgemeinen LRS Schwierigkeiten beim Erlernen der Buchstaben oder Wörter. Hinzu kommen scheinbar unüberwindbare Fehler in der Rechtschreibung und eine stark verminderte Aufmerksamkeit beim Erledigen von Lese- und Schreibaufgaben.

Um einer Begriffsdefinition näher zu kommen, muss nun auf die Spezielle Lese-Rechtschreib-Schwäche Legasthenie deutlicher eingegangen und diese von einer Allgemeinen Lese-Rechtschreib-Schwäche (LRS) unterschieden werden.

Dies erscheint notwendig, da unterschiedliche pädagogische Vorgangsweisen erforderlich sind.

Differenzierte Wahrnehmung

Legasthenie ist anlagebedingt und äußert sich in einer differenzierten Sinneswahrnehmung beim Umgang mit Symbolen, also Buchstaben und Zahlen. Die vom Kind verursachten Schreibfehler sind Wahrnehmungsfehler.

Kinder, die dieses Phänomen aufweisen, aber sonst nicht auffällig sind, sollten von einem Spezialisten auf „Legasthenie" getestet werden. Es handelt sich hier um eine so genannte **Primärlegasthenie**. Das Kind muss neben dem Üben seiner Rechtschreibung auch an seinen differenzierten Sinneswahrnehmungen arbeiten (siehe Optische Wahrnehmung, Auditive Wahrnehmung, Raumorientierung und Körperschema, Serialität).

Durch psychischen Druck auf die Leistungsfähigkeit, Schwierigkeiten im Lebensumfeld des Kindes oder Krankheitsbilder kann aus dieser Primärlegasthenie eine **Sekundärlegasthenie** entstehen, die dann nicht mehr nur von einem Pädagogen betreut werden, sondern Hilfe von medizinischer oder psychologischer Seite nach sich ziehen kann.

Wahrnehmung

Der Begriff „Wahrnehmung" bedeutet „eine Informationsaufnahme aus Umwelt- (äußere) und Körperreizen (innere)". Diese Reize werden über die Sinnesorgane und die Rezeptoren aufgenommen, verarbeitet und an das Gehirn weitergeleitet. Diese über die Sinnesorgane aufgenommenen Informationen werden über das Zentralnervensystem geordnet und abgespeichert. Danach werden „Befehle" an die entsprechenden Körperteile weitergeleitet, die diese Informationen auswerten bzw. ausführen sollen.

Das Kind muss für das Erlernen des Lesens und Schreibens Sinnesreize und Informationen aus seinem Körper und der Umgebung so gut aufnehmen und im Gehirn verarbeiten, dass es die Reize mit einer angemessenen Reaktion und einer sinnvollen Handlung beantworten kann.

Das Kind sollte **bei Schuleintritt** zum Beispiel realisieren können:
- *Ich kann eine Türe leise schließen, weil ich spüre, wie viel Kraft ich dafür einsetzen muss.*
- *Ich weiß, woher die Stimme der Lehrerin kommt, ohne dass ich mich umschauen muss.*
- *Ich kann alle Quadrate aus einem Muster finden und verwechsle sie nicht mit anderen Formen.*
- *Ich schaukle gerne, weil mein Gleichgewichtssinn gut gereift ist.*

Damit ein Kind mühelos die sehr komplexen Leistungen wie Lesen, Schreiben und Rechnen lernen kann, müssen alle Systeme seines Kör-

pers reibungslos zusammenarbeiten. Dazu ist eine gelungene Entwicklung aller Sinne nötig.
Legasthenie hat immer ihre Ursache in einer differenzierten Wahrnehmungsverarbeitungsleistung des Gehirns. Unter geordneter Wahrnehmung (Sensorische Integration) eines Menschen versteht man die Aufnahme von Reizen aus der Umwelt und aus seinem Körper, deren Weiterleitung zum Gehirn und deren Verarbeitung (durch Aussortieren, Wiedererkennen, Vergleichen und Zuordnen, Assoziieren mit früheren Erfahrungen und schließlich das Speichern).

Forschungsgebiete der Legasthenie

Das Phänomen der Legasthenie fällt in verschiedene wissenschaftliche Forschungsbereiche: Medizin, Psychologie aber auch Pädagogik. Da die einzelnen Schicksale Betroffener auch Einfluss auf sein Lebensumfeld und damit auf die Gesellschaft hat, trifft die Problematik der Legasthenie auch noch einen vierten Wissenschaftsbereich: die Soziologie.

Hier wird im Besonderen auf den **pädagogischen Bereich** eingegangen, da dies der unmittelbare Wirkungsbereich der praktischen Lese- und Schreibarbeit mit dem legasthenen Kind darstellt. In den seltensten Fällen führen bereits frühkindliche Verhaltensweisen den Verdacht auf eine vorliegende Lese-Rechtschreib-Schwäche. In diesem Bereich ausgebildete Kleinkindpädagogen können bei aufmerksamer Beobachtung aber bereits im Kleinkindalter gewisse Verdachtsmomente auf eine in der Zukunft eventuell ersichtliche Legasthenie stellen.

Frühkindliche Diagnostik und Förderung

In meine Praxis kommen oft verzweifelte Eltern Fünfjähriger, die Zahlen oder Buchstaben in Spiegelschrift schreiben. Die Sorge der Eltern ist groß, dass ihr Kind legasthen sein könnte!

Aber diese Fehler treten nicht nur bei Legasthenikern auf, sondern auch bei zahlreichen anderen Leseanfängern. Hinzu kommt, dass viele sehr früh von den Eltern in das Alphabet eingeführte Kinder in der Spiegelschrift schreiben, allerdings nicht einzelne Buchstaben, sondern komplette Wörter oder Sätze. Dieses Phänomen wird bei Fünf- bis Sechsjährigen sehr häufig beobachtet und liegt in ihrer Entwicklungsstufe begründet. Spiegelschrift im Vorschulalter ist also kein untrügliches Zeichen für Legasthenie, die erst im Alter von etwa 7 Jahren festgestellt werden kann, da es sich dabei um eine Teilleistungsstörung im Bereich der Schriftsprache handelt.

Legasthenie ist eine im Menschen bereits vorhandene **genbedingte Veranlagung**. Neuere wissenschaftliche Forschungen haben biogenetische Ursachen für Legasthenie in sechs Chromosomenregionen (1, 2, 3, 6, 15 und 18) identifiziert. Das bedeutet, dass man Legasthenie nicht verhindern kann, sehr wohl aber durch frühkindliche Förderung Maßnahmen setzen kann, um das Ausmaß der Folgen kleiner zu halten.

Es ist erfreulich zu beobachten, dass in zahlreichen Kindergärten in besonderer Weise diese Fördermaßnahmen angewendet werden. Dennoch ist auch im kleinkinderpädagogischen Bereich noch viel Aufklärungsarbeit notwendig.

Besonderes Augenmerk können sowohl Eltern als auch Kleinkindpädagogen auf **folgende Verhaltensweisen** eines Kindes richten, um eine mögliche Teilleistungsschwäche des Kindes zu erkennen, die auf eine Legasthenie hinweisen könnte:

- *Das Kind handelt, bevor es eine Anweisung verstanden hat.*
- *Die Sprachentwicklung ist verzögert.*
- *Farbenerkennung und -zuordnung funktionieren nicht.*
- *Bezeichnungen für alltägliche Gegenstände werden falsch gewählt.*
- *Die Texte von Kinderliedern oder einfachen Gedichten können nicht behalten werden.*
- *Beim Essen wird das Besteck nicht oder sehr ungeschickt verwendet.*

- Das Kind kommt auch im Vorschulalter nicht mit einer Schere zurecht.
- Schleifenbinden oder Knöpfen gelingen nicht.
- Das Kind hat Schwierigkeiten, eine Treppe zügig hochzusteigen.
- Das Kind macht einen allgemein tollpatschigen Eindruck.
- Das Kind hat die Krabbelphase übersprungen bzw. hat sich nur robbend fortbewegt.
- Es hat Schwierigkeiten, Gleichgewicht zu halten (Balancieren, Rad fahren).
- Das Kind hat eine sehr große Fantasie und hohe Merkfähigkeit, kann aber dennoch kurze vorgelesene Geschichten nicht nacherzählen bzw. Fragen dazu beantworten.
- Das Kind kann sich Richtungen (links, rechts, oben, unten, vorne, hinten) nicht merken und bringt sie durcheinander.

Diese Beobachtungen **können** auf eine eventuell vorhandene Legasthenie hinweisen, **müssen** es aber nicht! Vorsichtige Beobachtung und Förderung sind in diesem Fall gut, aber voreilige Schlüsse sind unangebracht und verunsichern die Kinder und deren Eltern.

TIPPS:

Es gibt einige auch in Kindergärten präventiv angewandte Frühförderprogramme, die das Sprachbewusstsein und auch verschiedene Sinneswahrnehmungsbereiche der Vorschulkinder trainieren:

> **Hören, Lauschen, Lernen** (Küspert und Schneider, Würzburg 2001)
> Dieses Programm besteht aus sechs Übungseinheiten (Lauschspiele, Reime, Sätze und Wörter, Silben, Anlaute und Phoneme-Laute) für Kindergartenkinder, die inhaltlich aufeinander aufbauen. Die Übungen verfolgen das Ziel, den Vorschulkindern Einblick in die Lautstruktur der gesprochenen Sprache zu vermitteln. Es geht nicht um das vorgezogene Lesen- und Schreibenlernen, sondern um eine Förderung der Vorläuferfertigkeit phonologischer Bewusstheit. Vie-

le Bilder, Bewegungs- und Singspiele komplettieren das Programm und vermitteln den Kindern Freude an der Sprache.

Training der Sinneswahrnehmungen im Vorschulalter (KLL-Verlag)
Anhand von Kontrollblättern für die unterschiedlichen Altersstufen (4 bis 7 Jahre) kann ein Sinneswahrnehmungstest durchgeführt werden. Weiters beinhaltet dieses Buch zur Förderung von Vorschulkindern einen kurzen interessanten Exkurs über die Entwicklungsstadien eines Kindes. Kindgerechte Arbeitsblätter und Spielideen zur Schärfung der Sinneswahrnehmungen vervollständigen dieses Training zu einem sinnvollen Förderprogramm. Dieses Buch fördert in jedem Fall – ob sich nun eine Legasthenie herausstellen sollte oder nicht.

Nach Schuleintritt

Nach den ersten Eingewöhnungswochen als Schulkind kristallisieren sich in Schulklassen rasch die kleinen Musterschüler heraus, denen das Buchstabenlernen nicht rasch genug gehen kann und die andere Gruppe von Kindern, die für das Erlernen der Kulturtechniken des Schreibens und Lesens deutlich mehr Zeit benötigt.
Nun ist aber nicht jeder der „langsameren" Schüler legasthen oder leserechtschreibschwach, sondern jedes Kind in seinem Lerntempo individuell. Meist äußert der Klassenlehrer den Eltern gegenüber erst, wenn bereits ein Großteil der Klasse fließend liest, also das Erkennen und Zusammenlauten der Buchstaben beherrscht, seinen Legasthenieverdacht. Zu diesem Zeitpunkt beginnt die elterliche Sorge um den schulischen Erfolg des Kindes, denn zumeist fehlt der Vergleich mit den anderen Klassenkollegen. Eltern mehrerer Kinder haben in der Erkennung allfälliger Teilleistungsstörungen durch den Geschwistervergleich einen deutlichen Vorteil gegenüber Eltern von Einzelkindern.

Beobachten Sie bei Ihrem Kind nach Schuleintritt Folgendes, sollten Sie hinsichtlich einer möglichen Legasthenie aufmerksam bleiben:

- Plötzliche Unaufmerksamkeit und Unruhe, obwohl das Kind vor Schuleintritt ruhig und konzentriert war.
- Das Kind ist leicht ablenkbar.
- Es ist ein kleiner Tagträumer und wirkt oft abwesend.
- Es reibt sich oft die Augen und klagt über Sehprobleme.
- Es erklärt, dass es statt eines Textes eine „Buchstabensuppe", also verschwommen, sieht.
- Es hat Schwierigkeiten beim Auswendiglernen, auch beim Einmaleins.
- Es hat eine stark verkrampfte Körperhaltung beim Lesen und Schreiben.
- Es hat die „Montagsschulkrankheit": Das Kind ist von Freitagmittag bis Sonntagabend sehr fröhlich, nähert sich der erneute Schulbeginn, wird das Kind verschlossen, hektisch oder weinerlich.
- Das Kind äußert seit seinem Schuleintritt häufig „Ich bin dumm", „Ich kann nichts". Es wirkt entmutigt und traurig.
- Das Kind kann Laute nicht unterscheiden, verwechselt ähnlich klingende Wörter.
- Das Kind verwechselt verschiedenste Buchstaben und auch Zahlen.
- Das Kind weist eine undeutliche Aussprache auf.
- Das Hausübungsschreiben ist für alle Anwesenden eine Tortur und scheint endlos!
- Das Kind kann Zeit und Raum nicht einschätzen.
- Das Kind ist überaktiv und hat einen starken Bewegungsdrang.
- Es hat Schwierigkeiten mit der Körperkoordination.

Keines dieser Symptome weist einzeln betrachtet auf eine Legasthenie hin. Sind aber zahlreiche dieser Fragen eindeutig zu bejahen, so ist eine Abklärung durch einen Legastheniespezialisten empfehlenswert.

Zeitfaktor

Ein legasthenes Kind benötigt aufgrund seiner differenzierten Wahrnehmung mehr Zeit zum Erledigen seiner Aufgaben. Diese sollte ihm – auch bei schulischen Arbeiten – eingeräumt werden. Gesetzliche Verpflichtung gibt es allerdings keine dafür.

Obwohl es von den verschiedensten Autoren unterschiedliche Begriffsdefinitionen und Erklärungen zum Phänomen der Legasthenie gibt, wollen wir hier die **Definition der Weltgesundheitsorganisation** (WHO) heranziehen, die wie folgt lautet:
„Die Legasthenie ist eine umschriebene und schwerwiegende Beeinträchtigung des Erlernens von Lesen und Rechtschreibung, die in Besonderheiten von Hirnfunktionen begründet ist. Diese in allen Schriftsprachen vorkommende Teilleistungsstörung ist veranlagt und nicht Folge unzureichender Beschulung, einer Intelligenzminderung oder anderen körperlichen, neurologischen oder psychischen Erkrankungen."

Eine Legasthenie liegt also dann vor, wenn ein Kind bei sonst altersentsprechender Intelligenz große Schwierigkeiten beim Erlernen der Kulturtechniken des Schreibens und Lesens hat. Und das, obwohl es ausreichend in diesen Kulturtechniken geschult wird!
Dies macht deutlich, dass eine seriöse **Diagnose** erst im entsprechenden Alter gestellt werden kann. Erst wenn ein Kind tatsächlich lesen und schreiben gelehrt bekommen hat, also am Ende des ersten Schuljahres, ist bei einem der zahlreichen zur Verfügung stehenden Austestungsverfahren mit einer aussagekräftigen Diagnose zu rechnen.

FAZIT

Legasthenie ist ein Phänomen, das bei etwa einem Zehntel der Bevölkerung auftritt. Wissenschaftliche Untersuchungen haben ergeben, dass gewisse genetische Faktoren eine Rolle spielen können.

Es ist sinnvoll, die Spezielle Lese-Rechtschreib-Schwäche (Legasthenie) von der Allgemeinen Lese-Rechtschreib-Schwäche (LRS) zu unterscheiden.

Bei der Legasthenie liegt die Ursache in differenzierten Sinneswahrnehmungen begründet. Deswegen genügt das Üben an den Fehlern alleine nicht, ein sinnvolles Programm muss auch Übungen zu den individuellen differenzierten Sinneswahrnehmungen und ein Aufmerksamkeitstraining beinhalten.

Bei der Allgemeinen LRS hilft in erster Linie das Üben der Rechtschreibung. Zusätzlich sind Übungen zur Steigerung der Konzentrationsfähigkeit zu empfehlen.

2. LEGASTHENIE-DIAGNOSTIK

Diagnoseverfahren werden sowohl von eigens dafür ausgebildeten Legasthenietrainern, von Psychologen und in einigen Fällen von Medizinern gestellt. In diesem Werk wird das Thema von der **pädagogischen Seite** betrachtet und die Diagnosemöglichkeiten in diesem Bereich beschrieben.

Sollte auf Anweisung des speziell für Legasthenie ausgebildeten Pädagogen der Verdacht auf physische Ursachen geäußert werden (etwa bei Hör- oder Sehproblemen), muss natürlich ein Facharzt aufgesucht werden. Man spricht in diesen Fällen von der so genannten multiaxialen Diagnostik (klinisch-psychiatrische Symptome, Intelligenztests, körperliche Symptome, psychosoziale Diagnostik, Entwicklungsstörungen schulischer Fertigkeiten). Aber nicht für jedes leserechtschreibschwache Kind ist diese multiaxiale Diagnostik notwendig!

Die Diagnoseverfahren stützen sich im Wesentlichen auf die aktuelle Leserechtschreibleistung des zu untersuchenden Kindes und auf dessen Sinneswahrnehmungen. Bei legasthenen Kindern lassen sich differenzierte Sinneswahrnehmungen beobachten.

Differenzierte Sinneswahrnehmungen

Die abweichenden Sinneswahrnehmungen eines legasthenen Kindes sind die Ursache für die zeitweise Unaufmerksamkeit beim Schreiben und Lesen. An gewissen Tagen ist diese Unaufmerksamkeit stark ausgeprägt. Zu anderen Zeiten ist das Kind hochkonzentriert und erledigt seine Aufgaben bestens. Das Kind freut sich, aber nicht seine Umgebung. „Ich wusste ja, dass du es kannst! Du willst nur nicht!", bekommt das Kind von seinen Eltern und Lehrern zu hören. Schuldbewusst zieht das Kind den Kopf ein: Am Vortag hatte es bei einer ähnlichen Übung siebzehn schwere Fehler, heute nur einen! Genau dieses Phänomen macht die Lehrer und Eltern des Kindes unsicher. Ist das Kind faul oder hat es wirklich ein Problem? Ein Kind mit einer allgemeinen LRS schreibt nämlich konsequent fehlerhafte Texte, nicht so unbedingt das legasthene. Gerade deswegen ist die **Unterscheidung dieser beiden Lese-Rechtschreib-Schwächen** von Bedeutung! Allzu oft werden legasthene Kinder missverstanden und geben vorzeitig auf. Dann kann eintreten, was zunächst nur eine Unterstellung war: Das Kind will nicht mehr!

Legasthene Menschen müssen sich jedoch nicht mit einer kürzeren Schullaufbahn und verminderten Berufsaussichten abfinden! Wenn alle Faktoren – von Früherkennung über geeignete Fördermaßnahmen und Verständnis im Lebensumfeld – positiv zusammenspielen, hat auch das legasthene Kind alle Chancen für die Zukunft (siehe Kapitel 15, Berühmte LegasthenikerInnen).

Für das Schreiben und Lesen benötigt man hauptsächlich folgende Sinneswahrnehmungen: das Hören, das Sehen und die Raumwahrnehmung. Die **Verarbeitung der Sinneseindrücke** findet in den einzelnen Bereichen auf unterschiedliche Art und Weise statt. Nicht jedes Kind ist in allen aufgezählten Bereichen zu fördern.

Welche dieser Bereiche zu trainieren sind, sollte in einem Austestungsverfahren festgestellt werden:
- *Visuelle oder optische Differenzierung*
- *Visuelles oder optisches Gedächtnis*
- *Visuelle oder optische Serialität*
- *Auditive oder akustische Differenzierung*
- *Auditives oder akustisches Gedächtnis*
- *Auditive oder akustische Serialität*
- *Raumorientierung*
- *Körperschema*

In den folgenden Kapiteln werden die einzelnen Teilleistungsbereiche (Sinneswahrnehmungsbereiche) genauer beschrieben und Übungsmöglichkeiten aufgezeigt.

Wahrnehmungs- und Rechtschreibfehler

Rechtschreibfehler sind all jene Fehler, die auf mangelnde Kenntnis der orthografischen Regeln der jeweiligen Sprache zurückzuführen sind. In ihrer Erscheinungsform manchmal sehr ähnlich sind die so genannten **Wahrnehmungsfehler**, die auf einer im Augenblick des Lesens bzw. Schreibens abweichenden Wahrnehmung beruhen. Begünstigt wird dieser Umstand durch eine leichte Ablenkbarkeit des legasthenen Kindes.
Den Wahrnehmungsfehlern liegt ein Defizit in der Aufnahme, Verarbeitung und Wiedergabe von Sinnesdaten im Bereich des Hörens, Sehens und der Raumwahrnehmung (sensomotorische Aktivität) zugrunde.

Was bedeutet das für die Praxis?

Rechtschreibfehler lassen sich durch gezieltes Üben meist gut wegtrainieren. Wahrnehmungsfehler hingegen müssen neben einem adäquaten Regelwissen (Symptomtraining) auch durch ein Training der **Sinneswahrnehmungen und der Aufmerksamkeit** ergänzt werden.

Typische **Wahrnehmungsfehler** bei Vorliegen einer Legasthenie (Spezielle Lese-Rechtschreib-Schwäche) sind:
- *Fehler in der Groß- und Kleinschreibung*
- *Verwechslung von Buchstaben: p/q/b/d, ei/ie, dei/die, d/b/g/, W/M, Z/N, u/n ...*
- *Fehlende Wahrnehmungstrennschärfe bei verschiedenen Buchstaben: t/f, m/n, n/r, o/a, h/k, l/i*
- *Dehnungs- und Schärfungsfehler*

- Verdoppelungsfehler (z.B. m statt mm oder s statt ss)
- „Vergessen" von Buchstaben (z.B. Buchstaben am Wortende oder in der Wortmitte werden ausgelassen: z.B. „nich" statt „nicht" und „lafen" statt „laufen")
- Hinzufügen von Buchstaben (z.B. „Ferieien" statt „Ferien")
- Vertauschen von Buchstaben (z.B. „feruen" statt „freuen")
- Laute oder ganze Wörter werden „vergessen"
- Anlaut- bzw. Auslautverwechslungen

Beim Lesen lassen sich noch weitere Wahrnehmungsfehler erkennen:
- Das legasthene Kind ignoriert Satzzeichen und liest trotz Sinnwidrigkeit die einzelnen Sätze „ineinander", das heißt über die Satzzeichen hinaus.
- Zusätzlich liest das Kind auch Wörter „ineinander", d. h. es ignoriert Wortgrenzen und formt beim Lesen aus einzelnen Wörtern zusammengesetzte bzw. Unsinnwörter.
- Liest das Kind ohne Lesehilfen (siehe Kapitel 4, Optische Wahrnehmung), lässt es ganze Zeilen oder Abschnitte aus.
- Das legasthene Kind liest langsam, stockend und ohne Betonung einzelner Wörter.

Der Verdacht festigt sich

Weisen nun immer mehr Verdachtsmomente auf eine eventuell vorliegende Legasthenie hin, sollte mit dem Klassenlehrer des Kindes ein Gespräch gesucht werden. In vielen Fällen ist es ohnehin der Klassenlehrer, der die Eltern auf die Möglichkeit einer LRS aufmerksam macht. Sollte dies der Fall sein, müssen Eltern diesen Hinweis ernst nehmen und sollten Schuldzuweisungen vermeiden.

Sebastian, ein zehnjähriger legasthener Junge, erzählt von seiner „Ersterfahrung" mit der Diagnose „Legasthenie":
„Meine Eltern waren schrecklich sauer, als der Deutschlehrer in der Mittelschu-

le den Verdacht äußerte, dass ich Legasthenie haben könnte. Außerdem haben mein Vater und meine Mutter gestritten, von welcher Familie die Legasthenie herstammt. Mein Papa sagte: ‚Kein Wunder bei deiner Familie' zu meiner Mama und diese meinte, dass Papa noch nie hätte ordentlich rechtschreiben können."

Bald haben Sebastians Eltern wie viele andere Familien mit legasthenen Kindern die Erfahrung gemacht, dass Schuldzuweisungen keinem helfen.
Sebastian kam also zunächst in die Legastheniepraxis zur Austestung, dem logischen nächsten Schritt bei einem erhärteten Verdacht auf eine Lese-Rechtschreib-Schwäche.

Testverfahren

Die verschiedenen Legasthenieinstitute, -trainerInnen, PädagogInnen und PsychologInnen wählen unterschiedliche Testmethoden, die aber im Idealfall ähnliche Ergebnisse hinsichtlich der Sinnesleistungen und der Fehleranalyse bringen.
Zu beachten ist, dass einer guten Diagnose ein ausführliches **Anamnesegespräch** vorausgehen sollte. Fragen zur Familiensituation und Herkunft, Entwicklungsverlauf und ärztlichen Abklärung der Seh- und Hörleistung sind üblich und sinnvoll. Eltern sollten diese Fragen gewissenhaft und ehrlich beantworten, da sie eine ausgewogene Diagnose begünstigen. Im Sinne des Datenschutzes wird mit diesen Informationen grundsätzlich sensibel umgegangen.
Zusätzlich möchte der Austester Informationen über den Grund des Verdachtes und die bisherigen Auffälligkeiten wissen. Für das pädagogische Testverfahren sind auch Auskünfte über bereits beobachtete Fehler des Schülers von Seiten der Eltern und/oder Lehrer sinnvoll. Der Test stellt eine Momentaufnahme dar. Wie bereits erwähnt unterliegen legasthene Menschen starken Tagesschwankunge, daher liefern Lese-

Rechtschreib-Tests bei Betroffenen oftmals keine gültigen Aussagen über den tatsächlichen Fehlerstand des Kindes.
Anders ist dies, sollte sich eine allgemeine LRS herausstellen. Hier wäre ein **Lese-Rechtschreib-Test** durchaus angebracht, um vom geeigneten Leistungsniveau ausgehend arbeiten zu können.

TIPP Lesetests:

Salzburger Lesetest (SLRT), Mitte 2.–4. Klasse Grundschule
Salzburger Lesescreening (SLS 1 bis 4), Ende 1.–4. Klasse Grundschule
Knuspels Leseaufgaben, Ende 1.–4. Klasse Grundschule
Würzburger Leise Leseprobe (WLLP), jeweils Ende der 4 Grundschuljahre

TIPP Rechtschreibtests:

Weingartner Grundwortschatz, Rechtschreibtest für die verschiedenen Grundschulstufen
Rechtschreibtest, für 4. bis 7. Schuljahr (www.commundlern.de)
Diagnostischer Rechtschreibtest (DRT4 und 5), für 4. und 5. Schuljahr

Bei legasthenen Kindern ist eine **Beobachtung über einen längeren Zeitraum** von Seiten der Lehrer und der Eltern aussagekräftiger als ein punktueller Lese-Rechtschreib-Test. Gut zur Diagnose geeignet sind auch Schulhefte und schriftliche Prüfungen der letzen beiden Schuljahre. Daher wird der Legasthenietrainer bzw. das Institut die Eltern um die Mitnahme einiger **Schulhefte** bitten. Aus den daraus ersichtlichen Fehlern und das Schriftbild im Allgemeinen kann der geschulte Spezialist bereits einige Vorschlüsse ziehen.

An diese Schritte im Testverlauf schließt nun **das Testverfahren der Sinneswahrnehmungen** an, das differenzierte Teilleistungsbereiche – also von nicht legasthenen Menschen abweichende – zu erkennen hilft.
Der Check der Sinneswahrnehmungsbereiche wird entweder anhand von praktischen Übungen oder mittels eines standardisierten Computertestverfahrens (z.B. Pädagogisches AFS-Testverfahren, KLL-Verlag) durchgeführt. Der Vorteil des Computerverfahrens liegt darin, dass er – wie die empfohlenen Leserechtschreibtests – standardisiert ist. Das führt zu einem objektiveren Ergebnis. Aus Erfahrung kann aber bestätigt werden, dass verschiedene Testvarianten ähnliche Ergebnisse bringen. Manche Eltern sichern sich durch eine Zweitdiagnose ab.

Im Anschluss an das Testverfahren erfolgt ein **ausführliches Diagnosegespräch** mit den Eltern. Zu diesem Zeitpunkt steht die Diagnose „Allgemeine LRS" oder „Spezielle LRS (Legasthenie)" fest. Kann von einer **Allgemeinen LRS** ausgegangen werden, empfiehlt der Spezialist ein dem Kind entsprechendes Leserechtschreibtraining (siehe Kapitel 8, Symptomtraining) und die allfällige Konsultierung weiterer Fachleute, wenn eine physische oder psychische Ursache zu vermuten ist.
Liegt hingegen eine **Spezielle LRS (Legasthenie)** vor, erklärt der Spezialist den Eltern und dem Kind, welche Teilleistungsbereiche betroffen und wie diese gefördert werden können. Ebenso werden Übungen zur Steigerung der Aufmerksamkeit und für das Symptomtraining besprochen. Bei Interesse wird ein wöchentliches einstündiges Einzeltraining empfohlen und angeboten oder ein Förderprogramm erstellt, das mit etwa monatlicher Überprüfung vom Spezialisten zuhause von den Eltern bzw. dem Kind durchgeführt wird.
Da das Ausmaß und der Schweregrad der Legasthenie individuell unterschiedlich ausgeprägt sind, ziehen Experten ein Einzeltraining, das auf den jeweiligen Stand des Kindes angepasst werden kann, einem Gruppenunterricht vor. Sollte – etwa aus finanziellen Gründen – ein

Einzeltraining nicht möglich sein, ist eine Kleingruppe immer noch besser als kein Training.

Ist die Diagnose „Legasthenie" oder „Allgemeine LRS" einmal gestellt, darf tatkräftig mit dem „Fördern" begonnen werden!

Eine Mutter berichtet: „Unser 11-Jähriger galt in der Volksschule als intelligent, selbstständig arbeitend, begabt, daher die Entscheidung zum Besuch eines Privatgymnasiums mit bestem Ruf. Er selbst war hoch motiviert, voller Freude und positiver Erwartung, waren doch auch einige seiner Cousins in selbiger Schule. Nach einer sehr fehlerhaften Deutschansage und einigen ebenso fehlerhaften Englisch-Vokabeltests stellte sich bei ihm und bei uns großer Frust ein. Nach einem Gespräch mit einer Freundin, die ein legasthenes Kind in der Volksschule hat, begannen auch wir Verdacht in diese Richtung zu schöpfen. Bei einem AFS-Computertest durch eine diplomierte Legasthenietrainerin bestätigte sich diese Vermutung. Unser Kind hat eine Primärlegasthenie. Auf Empfehlung las ich als Mutter zu diesem Thema gleich einige Bücher. Bisher dachten wir bei Legasthenie immer an Kinder, die eben ‚b' und ‚d' verwechseln, etwas langsamer, unintelligent und schwächer sind. Aufgrund der Lektüre wurden wir eines Besseren belehrt. 15 % der Menschen sind legasthen, haben somit eine differenzierte dreidimensionale Wahrnehmung und Aufmerksamkeitsstörungen, was aber mit Intelligenz nichts zu tun hat.
Exakt nach zwei Monaten fand der Schulwechsel in die örtliche Hauptschule statt. Mittlerweile ist über ein Jahr seit der Feststellung der Symptome vergangen. Regelmäßige – fast tägliche – spezielle Übungen und 14-tägige bis monatliche Sitzungen bei einer geprüften und mit viel Engagement arbeitenden Legasthenietrainerin haben sichtbare Fortschritte in der Leistungsfähigkeit unseres Kindes gebracht. Wenngleich es immer noch Tagesschwankungen im Konzentrationsvermögen gibt, schafft unser Sohn den Erhalt der 1. Leistungsgruppen in den Hauptgegenständen. Dadurch sind wir motiviert, den täglichen Mehraufwand in Kauf zu nehmen und so hoffen wir, bis Ende der Pflichtschulzeit das Manko in der Rechtschreibung wegtrainiert zu haben."

FAZIT

Zeigen sich von Seiten der Eltern oder der Lehrer Verdachtsmomente hinsichtlich einer Allgemeinen oder Speziellen Lese-Rechtschreib-Schwäche, sollte ein Testverfahren bei einem Spezialisten durchgeführt werden.

Eltern dürfen sich nicht scheuen, alle ihre Beobachtungen offen zu legen und ihre Befürchtungen oder Vermutungen dem Spezialisten gegenüber zu äußern.

Keiner kennt das Kind so gut wie die eigenen Eltern! Lassen Sie sich nicht einschüchtern, sondern bitten um eine klare Stellungnahme und Diagnose. Das ist Ihr gutes Recht und natürlich das Ihres Kindes.

Und bitte bedenken Sie: Legasthenie ist keine Tragödie, sondern eine Tatsache, mit der Sie und vor allem Ihr Kind leben lernt.

3. AUFMERKSAMKEIT

Nach einem erlittenen Peitschenschlagsyndrom quälten mich wochenlang Kopfschmerzen, Übelkeit und Schwindelgefühle. Die zu verrichtenden schriftlichen Arbeiten und auch das Unterrichten erschienen mir in jenen Tagen unmöglich. Ich konnte meine Gedanken einfach nicht zusammenhalten, die Buchstaben verschwammen beim Lesen vor meinen Augen, obwohl sich meine Sehschärfe durch den Unfall nicht verschlechtert hatte. Hinzu kam, dass ich Gelesenes oder Gehörtes nicht in seiner tieferen Bedeutung erfassen konnte. Es war mir unmöglich, konzentriert über einen längeren Zeitraum an einem Text zu arbeiten. Schließlich half mir ein guter Facharzt für physikalische Medizin, der als Ursache für meine Schmerzen und Ausfälle zwei verschobene Halswirbel diagnostizierte und wieder an die richtige Stelle schob!

Kaum war der Schaden behoben, erlebte ich eine wohltuende Befreiung in meinem Kopf: Ich konnte wieder klar denken und meine volle Aufmerksamkeit auf meine Arbeit lenken.

Die von mir beschriebenen Symptome erlebt auch ein leserechtschreibschwaches bzw. legasthenes Kind bei seiner Arbeit. Es sieht zwar die in dem vor ihm liegenden Buch befindlichen Buchstaben, erkennt sie auch, aber es fällt dem Kind unsagbar schwer, in dieser „Buchstabensuppe" sinnvolle Sätze zu erkennen. Das Ausmaß der Leseschreibschwierigkeit ist bei jedem Kind so verschieden wie Menschen eben unterschiedlich sind.

Doch gilt für jeden legasthenen Menschen: Das Lesen- und Schreibenlernen fällt dem Betroffenen trotz normaler Intelligenz schwerer als anderen Personen. Die differenzierte Aufmerksamkeit des legasthenen Kindes führt dazu, dass es beim Lesen und Schreiben (Symbolbereich) so genannte Wahrnehmungsfehler macht, weil seine Gedanken nicht mit dem Handeln im Einklang stehen. Von seinem Äußeren ist ein legasthener Mensch für sein Umfeld nicht als solcher erkennbar. So erlebte ich, wenn ich nicht deutlich auf die Ursache meiner Konzentrationseinschränkung hinwies, von meiner Umwelt kaum Verständnis für meine daraus resultierenden Fehler.

Dies erlebt ein legasthenes Kind Tag für Tag in seiner Schullaufbahn, manchmal sogar noch in der Ausbildung und im Beruf! Deswegen ist auch die **Miteinbeziehung des Kindes** in diese Problematik von großer Notwendigkeit. Neben dem pädagogischen Betreuer sollten auch die Eltern dem legasthenen Kind erklären, dass es dieses Aufmerksamkeitsproblem hat und mit dem Kind sinnvolle Strategien entwickeln und besprechen, die dieses „Gedanken-Zusammenhalten" unterstützen.

Julius ist ein aufgeweckter Junge, der stets zu neuen Streichen aufgelegt ist. Er ist in seiner Schulklasse gut integriert. Seine Mitschüler lachen gerne über seine Späße und bewundern seine Beweglichkeit und Geschicklichkeit beim Turnunterricht. In den ersten beiden Schuljahren fallen auch die Jahreszeugnisse ganz nach dem Wunsch seiner Eltern aus. Ende des dritten Schuljahres schreibt Julius Klasse erstmals einen Rechentest mit Textbeispielen. Ungläubig starrt der Junge auf das Nicht genügend, das unter der schriftlichen Prüfung geschrieben steht! Seine Mutter ist sprachlos, Julius ist doch ein toller Rechner. Zahlen haben ihm noch nie Probleme bereitet!

Nach verschiedenen Tests und Gesprächen mit Fachleuten stellte sich heraus, dass Julius eine leichte Form der Legasthenie hatte, die es ihm erschwerte, sich zu konzentrieren.

Seine Mutter Beate formuliert ihr Gefühle folgendermaßen: „Wie froh war ich, als ich von den Ursachen der Konzentrationsschwierigkeit von Julius erfuhr! Nicht, dass ich mich über die Diagnose ‚Legasthenie' gefreut hätte, denn ab diesem Zeitpunkt ging die Arbeit erst richtig los! Aber das Kind hatte nun einen Namen!

Seit der Diagnose und dem gezielten Training an seiner Aufmerksamkeit gibt es bereits Fortschritte, auch wenn seine Gedanken immer wieder einmal spazieren gehen! Aber es gelingt ihm schon, immer länger konzentriert zu arbeiten."

Das menschliche Gehirn besteht aus etwa hundert Milliarden Nervenzellen. Jede dieser Zellen kann mit bis zu zehntausend anderer verbunden sein. Lernen und neue Aufgabenstellungen steigern die Gehirnaktivität und bauen neue Zellverbindungen auf. Um gezielt und vor allem erfolgreich lernen zu können, bedarf es eines Zustandes, den man mit „Aufmerksamkeit" umschreiben könnte. Gerade dieses mit allen Sinnen bei der Sache zu sein, fällt legasthenen Menschen schwer. Zu Beginn jeder Trainingseinheit und jeder „Lernaktivität" sollten dem legasthenen Kind daher Hilfestellungen geboten werden.
Soll das Kind etwa beim Symptomtraining seine Lernwörter wirklich langfristig abspeichern, muss es mit seinen Gedanken ganz bei seinen Wortkärtchen sein.

Hierzu gibt es verschiedenste Hilfestellungen. Nicht jedes Kind spricht auf die gleichen Angebote an. Deswegen sind auch im Bereich des **Aufmerksamkeitstrainings** individuelle Trainingsmöglichkeiten sinnvoll und angebracht.
Grundvoraussetzung für ein aufmerksames Arbeiten ist natürlich in erster Linie die **äußere Ruhe**, die ein Kind zur Erledigung seiner Übungen und Aufgaben benötigt. Ein gut beleuchteter, eigener Arbeitsplatz ist darüber hinaus von großer Bedeutung. Legasthene Kinder lassen sich meist ohnehin sehr leicht ablenken, daher sollte ihr Arbeitsplatz in einem nicht zu überladenen Raum stehen. Aus diesem Grund haben auch viele Legastheniebetreuer einen eher leeren Arbeitsraum, um das Kind nicht unnötig von seinen Übungen abzulenken.
Eine weitere Basis für konzentriertes Arbeiten sind auch **ausreichend Schlaf, frische Luft** im Arbeitsbereich und eine **ausgewogene, gesunde**

Ernährung. Dies gilt natürlich für jedes Kind, für ein leserechtschreibschwaches Kind ganz besonders.

Achten Sie auch auf **genügend Erholungspausen** beim Arbeiten! Länger als 15 Minuten täglich sollte ihr Kind nicht an seinen Legasthenieübungen sitzen. Es sei denn, es spielt besonders gerne und konzentriert an einem Lernspiel oder am PC mit einem Lernprogramm, das darf dann auch länger dauern!

Kinder, die eher zum Träumen und Abschweifen der Gedanken neigen, sollten nicht durch so genannte **Phantasiereisen**, bei denen sie ihre Gedanken auf Wanderschaft begeben, zum aufmerksamen Lernen geführt werden. Beobachtungen haben ergeben, dass gerade das Gegenteil der Fall ist: Die Kinder kommen nur schwer zu ihrer Aufgabe zurück.

TIPPS:

Loci-Methode

Die Loci-Methode haben sich bereits die alten Römer und Griechen zunutze gemacht: Um sich Lerninhalte besser einzuprägen, verwandelten sie sie gedanklich in Bilder. Um sich etwa eine Rede einzuprägen, legten sie an verschiedenen Stellen ihrer Häuser Bilder ab. Während sie die Rede einstudierten, wanderten sie durch ihre Villa und holten sich diese Bilder wieder ab.

Manche legasthene Kinder können sich mit dieser Methode besser konzentrieren, sie legen ihre Lernwörter an den passenden Stellen ab: „Lampe" zur Stehlampe im Wohnzimmer oder „Füllfeder" zu dem entsprechenden Schreibgerät. Dann gehen sie zu ihrem Arbeitsplatz, schreiben das Wort nieder, holen die Karte wieder ab und vergleichen das Wort.

Diese Methode wird auch in den so genannten **Laufdiktaten** angewandt. Der Schüler steht von seinem Platz auf, liest auf einem an einem anderen Tisch hinterlegten Blatt einen Satz oder ein Wort durch, geht auf seinen Platz zurück und schreibt das Gelesene nieder.

Diese Methode erhöht die Aufmerksamkeit und erleichtert das Lernen sehr. Durch die Bewegung erhält das Lernen mehr Abwechslung, dies lässt die Kinder ausdauernder und aufmerksamer arbeiten.

Achterschleifen malen
Das Kind soll auf ein großes Blatt Papier (Packpapier oder alte Tapetenrollen) „Achter" malen. Lassen Sie das Kind einmal mit der rechten, dann mit der linken Hand die Schleifen ziehen. Das Kind zieht je drei Achter, zum Schluss kann es beide Hände vorstrecken und mit beiden Achterschleifen malen. Als Variante kann das Kind in der Luft Achterschleifen ziehen oder mit geschlossenen Augen mit der Nase (das macht besonders Spaß!). Diese Übung eignet sich gut vor einer Lerneinheit.

Konzentrationsaufbau (AOL Verlag, CD-ROM), 1. bis 4. Klasse
Enthält 192 Kopiervorlagen für Sprache, Mathematik und Feinmotorik. Diese Übungsblätter eignen sich für das selbstständige Training (etwa in den Schulferien).

FAZIT

Ein legasthenes Kind hat durch seine differenzierte Aufmerksamkeit Schwierigkeiten, „seine Gedanken bei der Sache zu haben". Daher benötigt es neben den äußeren Ruhebedingungen bei der Arbeit verschiedene Hilfestellungen, um seine Aufgaben konzentriert zu erledigen. Verschiedene kurze Übungen zu Beginn der Lerneinheiten können das Kind zu einer aufmerksameren Lernsituation führen.

4. OPTISCHE WAHRNEHMUNG

Die zehnjährige Carmen ließ sich bereitwillig die verschiedenen Testaufgaben stellen. Sie war mit ihrer Mutter wegen ihrer vielen Rechtschreibfehler in meine Praxis gekommen. Auf ihre erste Deutschschularbeit hatte sie eine Vier bekommen, weil sie bei einigen Wörtern Buchstaben ausgelassen oder verdreht hatte. Nun wollte die Lehrerin eine Abklärung hinsichtlich einer Lese-Rechtschreib-Schwäche. Das Mädchen merkte sich alle ihr vorgelegten Bilder, erzählte eine längere Geschichte einwandfrei nach und war sehr gewandt in Aufgaben der Raumwahrnehmung und des Körperschemas. Beim Lesen begann sie jedoch ihre Augen zu reiben, beugte sich ganz nahe an den Text und buchstabierte sehr langsam und unzusammenhängend die einzelnen Wörter. Plötzlich war Carmen nicht mehr bereitwillig bei der Sache und fragte, wann wir mit dem Test fertig wären.

Da Carmen auffällig nahe „mit der Nase" am Papier war, empfahl ich der Mutter einen Augenarztbesuch zur Abklärung. Schon ein paar Tage später erhielt ich einen Anruf der Mutter: Carmen hat eine Brille wegen Kurzsichtigkeit verschrieben bekommen. Sobald das Mädchen seine hübsche blaue Brille bekam, verschwanden auch die unerklärlichen Rechtschreibfehler. Carmens Sehproblem war medizinisch korrigierbar.

Anders bei Bernd. Der Junge kam wegen ähnlicher Rechtschreibfehler zum Legastheniediagnoseverfahren. Auch er wurde auf die verschiedenen Teilleistungsbereiche (Optik, Akustik, Raumwahrnehmung und Körperschema) getestet. Auch Bernd hatte hauptsächlich Schwierigkeiten im optischen Bereich. Es bereitete ihm große Schwierigkeiten, sich Bilder einzuprägen, Zeichen in eine bestimmte Reihenfolge zu bringen und sich mehrere optische Signale zu mer-

ken. In den anderen Teilleistungsbereichen zeigte er altersspezifische Leistungen. Auffällig war auch seine Schwierigkeit, sich über einen längeren Zeitraum zu konzentrieren. Da Bernds letzte augenärztliche Untersuchung laut Auskunft seiner Mutter schon Jahre zurücklag, bekam er eine Empfehlung zum Arzt. Bernds Augen waren im Gegensatz zu Carmens Sehorganen in Ordnung. Bernds Rechtschreibprobleme konnten also eindeutig auf seine Legasthenie zurückgeführt werden.

Aufgrund dieser ähnlichen Symptomatik sollten Eltern bei Verdacht auf Legasthenie auf jeden Fall eine augenärztliche Untersuchung vornehmen. Jeder gut ausgebildete Legastheniebetreuer bzw. -trainer wird die Eltern auf diese Notwendigkeit hinweisen.

Erkennungsmerkmale

- Das Schriftbild des Kindes ist uneinheitlich, ungenau und wirkt ungeordnet. Die Buchstaben sind uneinheitlich groß, weichen in der Formwiedergabe ab und sind schlecht leserlich. Buchstaben und Zahlen werden beim Schreiben ausgelassen!
- Das Kind braucht zum Begreifen optischer Eindrücke zusätzlich verbale Erklärungen und Beschreibungen.
- Das Zeichnen und Nachlegen von Mustern fällt dem Kind schwerer als anderen Gleichaltrigen, ebenso das Erkennen von bestimmten Figuren aus einem Hintergrund.
- Aus einem längeren Text (Textrechenaufgaben) vermag das betroffene Kind wichtige Informationen nicht zu erkennen und hinauszufiltern. Die Gliederung von Textaufgaben und das Lösen zusammengesetzter Rechenaufgaben fallen dem Kind sehr schwer.
- Ähnlich aussehende Buchstaben werden verwechselt.
- Beim Lesen hat das Kind Probleme, die Textzeile zu finden und auch zu behalten. Beim Abschreiben von Textstellen blickt das Kind vermehrt auf die Vorlage, da es sich die Wortbilder nicht merken kann.

■ Das Kind hat Schwierigkeiten, Mengen zu erfassen (auch häufig bei der Zehnerüberschreitung).

Noch einmal sei erwähnt, dass Legastheniker aufgrund ihrer differenzierten Wahrnehmung durchschnittlich länger als ihre Altersgenossen für den Schriftspracherwerb benötigen!

Trainingsmöglichkeiten für zuhause

Es gibt eine Vielzahl von Möglichkeiten, die optischen Teilleistungen zu fördern. In den nachfolgenden Kapiteln (Serialität, Spiele für legasthene Kinder, Legasthenie und Computer) finden sich zahlreiche Tipps. Neben den Übungen, die Legastheniespezialisten mit dem Kind durchführen und den in den angeführten Kapiteln beschriebenen Materialien, können Eltern im Alltag Kinder immer wieder zum „genauen Hinsehen" anleiten. In vielen Tageszeitungen finden sich die beliebten **Suchbilder**, die sich durch einige Fehler unterscheiden, oder die so genannten **Suchsel**, bei denen aus einer Fülle von Buchstaben bestimmte Wörter herausgefiltert werden müssen. Lösen Sie gemeinsam mit dem Kind diese lustigen Spiele! Empfehlenswert zur Konzentrationssteigerung sind auch die beliebten Zahlenrätsel **Sudoku**.

Grundsätzlich gilt: Das Vorliegen einer Lese-Rechtschreib-Schwäche ist noch kein Grund, ein optisches Hilfsmittel zu empfehlen. So unterschiedlich sich die Legasthenie auf die einzelnen Menschen auswirkt, so verschieden sind auch die erforderlichen und gewünschten Hilfsmaßnahmen!

Blicktraining

Augenärzte oder Orthopisten können in einigen Fällen der Legasthenie ein so genanntes Blicktraining verordnen. Es darf nicht erwartet werden, dass dies ein Ersatz für ein Leserechtschreibtraining bzw. ein

Teilleistungstraining ist. Vielmehr kann dieses Blicktraining ein Fundament sein, das das Erlernen der Kulturtechniken des Lesens und Schreibens möglicherweise erleichtern kann.

Da Lesen und Schreiben sehr komplexe Prozesse darstellen, verlangen sie die Koordination vieler Hirnfunktionen. Legasthene Menschen können diese Aufgabe nicht gut erlernen, obwohl sie andere kognitive Leistungen sehr wohl gut beherrschen können.
Das Sehen beinhaltet sowohl die Blicksteuerung auf bestimmte Gegenstände (bzw. auf Buchstaben), als auch das dynamische Sehen, das heißt die Wahrnehmung der zeitlich nacheinander einlaufenden Bilder. Aufzeichnungen der Augenbewegungen leserechtschreibschwacher Kinder sind sehr aufschlussreich. Normale Leser können Wörter mit einem Blick erkennen, leserechtschreibschwache Personen müssen dieselben Wörter länger fixieren, um die Buchstabenfolgen als sinnvolles Wort zu erfassen.
Legasthene Menschen zeigen dieses Augenbewegungsmuster ausschließlich beim Lesevorgang, deswegen liegt die Vermutung nahe, dass die Ursache eine mangelhafte Speicherung von häufig wiederkehrenden Buchstabengruppen und Wörtern ist. Diese mangelnde Speicherungsfähigkeit bereits gelesener Wörter macht es für legasthene Kinder so schwierig, das Lesen in einem angemessenen, dem Klassenniveau entsprechenden Zeitrahmen zu erlernen.

Prismenbrille
Fehlsichtigkeit muss sich nicht zwangsläufig in Kurz- oder Weitsichtigkeit äußern. Sehr häufig tritt auch eine so genannte Winkelfehlsichtigkeit auf. Manche Augenärzte verschreiben beim Vorliegen von Winkelfehlsichtigkeit und Leseschwierigkeiten eine Prismenbrille. Die **Winkelfehlsichtigkeit** ist eine nicht-ideale Zusammenarbeit beider Augen. Die Prismenbrille unterstützt das Augenpaar, sich in diejenige Stellung zu begeben, in der der geringste Energieumsatz

ermöglicht wird. Das bedeutet nicht, dass den Augenmuskeln die Arbeit abgenommen wird, sondern dass die Anstrengung gleichmäßig verteilt wird. So wird die bestmögliche Steuerung der Augen erreicht. Messbar ist die Augensteuerung durch das räumliche Sehen. Mit einer Prismenbrille kann auch gleichzeitig eine andere Fehlsichtigkeit wie Astigmatismus, Kurz- oder Weitsichtigkeit korrigiert werden. Daher ist die Prismenbrille für das Sehen in allen Entfernungen verwendbar, also nicht wie häufig von den Eltern befürchtet eine reine Nahbrille. Das Kind muss daher die Brille nicht – wie seine Großeltern den Sehbehelf für die Altersichtigkeit – stets in eine andere Position bringen oder auf- und absetzen. Prismenbrillen sind in der Fachwelt **sehr umstritten.**

TIPPS:

Lesefolie

Eine größere Akzeptanz bei allen Beteiligten findet zumeist eine Lesefolie oder Leseschablone. Diese besteht aus einer Plastikkarte, die ein Foliensichtfenster in einer bestimmten Farbe hat. Manche Hersteller bieten sogar einige Farben zur Auswahl an, wie etwa die sehr empfehlenswerte „Easy Training Schablone" vom Kärntner Landesverband Legasthenie (KLL).

Die Anwendungsweise ist wie folgt: Das Kind legt die Leseschablone auf den Lesetext. Das Sichtfenster wird Buchstabe für Buchstabe über das zu lesende Wort gezogen, die Plastikkarte deckt das nächststehende Wort ab, sodass stets nur ein Wort betrachtet wird. Das lesende Kind buchstabiert das Wort, der Legastheniebetreuer spricht das ganze Wort aus. Nach einem kurzen Text, der so erarbeitet wurde, lässt das Kind seinen Blick über den so erarbeiteten Text gleiten. Anschließend liest es den ganzen Text. Danach befragt der Betreuer das Kind nach dem Inhalt. Diese Leseübung ist für das Kind sehr hilfreich.

Im Internet können Eltern und Kinder täglich unter www.Easy-Reading-Program.com am Bildschirm mit einer interaktiven Leseschablone eine neue Geschichte lesen.

Allerdings gilt auch bei der Lesefolie bzw. -schablone: Ausprobieren! Nicht jedes legasthene Kind spricht auf dieses Hilfsmittel an. In meiner Praxis erlebe ich Schüler, die ihre Schablone immer mit dabei haben, andere wiederum lehnen sie komplett ab. Dies kann aber auch daran liegen, dass diese Lesefolie im Schulunterricht von der Lehrerin nicht akzeptiert oder von den Mitschülern belacht wird. Diesem Problem kann mit einem aufklärenden Gespräch in der Schule abgeholfen werden. Manche Pädagogen verwenden für den Erstleseunterricht klassendeckend Leseschablonen.

Eine abgeänderte Form der Leseschablone kann auch selbst hergestellt werden: Der **Lesepfeil** wird aus farbigem (gute Erfahrungen gibt es bei legasthenen Kindern mit der Farbe blau) Karton ausgeschnitten. Die Breite soll etwa 12 cm, die Höhe etwa 4 cm betragen. Im linken oberen Eck wird ein etwa 1 cm hohes und 8 cm langes Rechteck ausgeschnitten, so dass der Lesepfeil annähernd eine L-Form aufweist. Beim Lesen hilft der rechte obere Lesepfeilteil den bereits gelesenen Text abzudecken und so die Augen auf den neu zu lesenden Teil zu konzentrieren. Dieses Lesehilfsmittel funktioniert sozusagen umgekehrt zur bereits erwähnten Leseschablone.

Lesepult

Durch die Schwierigkeiten beim Lesenlernen ermüdet ein legasthenes Kind rascher. Durch die erhöhte Anstrengung kann es zu einer Fehlhaltung kommen: Das Kind sitzt gebeugt am Sessel und rückt mit dem Gesicht immer näher zum Lesetext, um die verschwommenen Buchstaben doch noch entziffern zu können. Daher ist eine geneigte Tischplatte beim Lesen sinnvoll. Da dies nicht immer möglich ist und Lesepulte eine zusätzliche Investition darstellen, bietet sich ein Aktenordner als Ersatz an. Ein kleiner Trick, um das Verrutschen des „Lesepultes" zu verhindern, ist das Bekleben einer Ordnerseite mit Moosgummi oder anderem rutschfesten Material. Besonders praktisch ist, wenn dieser Lesepultordner zugleich als Legasthenietrainingsmappe verwendet wird. So hat das Kind dieses augenoptische und ergonomische Hilfsmittel stets dabei.

Lesestab
Dies ist ein transparenter Plexiglasstab, der in seiner Form einem längs durchschnittenen Zylinder gleicht. Der Lesestab bewirkt eine Vergrößerung der Schrift und hilft, die Zeilen beim Lesen besser zu halten (Augenfixierung). Diese Sehhilfen können in augenoptischen Geschäften besorgt werden.
Auch hier gilt, dass die Anwendung vom Kind angenommen wird. Manche Kinder lieben den Lesestab, weil er an eine Taschenlampe erinnert und als „Lesedetektiv" bezeichnet werden kann, also nach Abenteuer und Spannung anmutet. Und gerade um das Vermitteln, dass das Erlernen der Kulturtechniken auch ein bisschen Freude machen kann, geht es bei leserechtschreibschwachen Kindern ganz besonders! Denn eines haben betroffene Kinder schon früh erfahren: Lesen- und Schreibenlernen ist anstrengend, mit viel Mühe und Enttäuschung verbunden.

Hellsicht-Zeilen-Lupe
Diese noch abenteuerliche Lesehilfe gibt es erst seit kurzem auf dem Markt und wurde speziell für Kinder mit Leseproblemen entwickelt. Ein zentrales Lesefenster vergrößert wie eine Lupe wenige Wörter und richtet die Aufmerksamkeit des Lesenden auf die zentrale Stelle. Ein Abgleiten der Augen beim Lesen – eines der großen Probleme vieler legasthener Kinder – soll dadurch verhindert werden. Ein wenig erinnert diese Lupe an die Lesehilfen für Sehschwache oder alte Menschen. Nicht jedes Kind möchte mit solch einem Gerät in der Öffentlichkeit gesehen werden. Für Zuhause

kann es aber eine abwechslungsreiche Alternative beim Lesenüben darstellen.

TIPP Literatur:

Burhart Fischer: Hören – Sehen – Blicken – Zählen. Teilleistungen und ihre Störungen, Bern

FAZIT

Die optische Wahrnehmung eines legasthenen Menschen kann differenziert sein. Ist dies der Fall, gibt es neben einem individuellen Wahrnehmungstraining im optischen Bereich durch einen Legastheniespezialisten auch zahlreiche Hilfsmittel, die bei Bedarf und Akzeptanz angewendet werden können.

Unbedingt notwendig ist es, vorab auch eine augenärztliche Untersuchung vornehmen zu lassen, um optische Fehlstellungen ausschließen bzw. beheben zu können. Erst dann ist ein intensives Funktions- und Symptomtraining (Rechtschreibübungsprogramm) sinnvoll!

5. AUDITIVE WAHRNEHMUNG

Laut fachärztlichen Berichten liegt bei einer Vielzahl der untersuchten leserechtschreibschwachen Kinder keine organische Hörbeeinträchtigung oder gar Schwerhörigkeit vor. Dennoch erscheint es sinnvoll, ein vermutlich legasthenes Kind auch beim Hals-Nasen-Ohrenarzt untersuchen zu lassen. Erst wenn eindeutig abgeklärt ist, dass das Kind nicht aus organischen Gründen einzelne, ähnlich klingende Wörter oder Laute nicht unterscheiden kann, ist von einer differenzierten akustischen Wahrnehmung auszugehen.

Erkennungsmerkmale

Große Schwierigkeiten bereitet den Betroffenen in diesem Fall meist nicht nur das Unterscheiden von Lauten (wie etwa b und d, n und m, g und k, d und t oder auch v und f), sondern auch das Herausfiltern von Gehörtem bei Hintergrundlärm. Auch gewisse Töne werden durch die differenzierte auditive Wahrnehmung schlechter wahrgenommen als andere. Schwer fällt auch, gleich klingende Silben oder Wörter voneinander zu unterscheiden, wie etwa „Sand" – „Land" oder „leise – Reise". Durch diese differenzierte Wahrnehmung ist verständlich, dass legasthene Kinder oftmals Wörter bei Ansagen bzw. Diktaten einfach aus dem Grund falsch schreiben, weil sie die Wörter und Laute nicht richtig unterscheiden können.

Die auditive Wahrnehmung ist abhängig von der Aufmerksamkeit, der Fähigkeit der Reizdifferenzierung, der Lokalisierung und davon, die akustisch wahrgenommenen Reize in einen Bedeutungszusammenhang zu bringen. Letzterer ist für das Sprachverständnis entscheidend.

Um akustische Reize wahrzunehmen, bedarf es mehrerer Teilfähigkeiten: der **Aufmerksamkeit** (bewusstes Hinhören und sich konzentrieren), der **Ortung** (Wo kommt der akustische Reiz her?), der **Unterscheidung bzw. Differenzierung** (Klingen die Laute gleich oder verschieden?) und der **Merkfähigkeit** (Abspeichern der akustischen Reize für die Weiterverarbeitung). All das ist für ein legasthenes Kind nicht so einfach!

Wenn einem Kind ein Text diktiert wird, muss es einiges leisten:
- *Aus einer Fülle von Reizen muss es die Stimme des Lehrers bzw. des Ansagenden herausfiltern.*
- *Es muss den **Satz**, den der Lehrer diktiert, in seinem Sinn erfassen.*
- *Der Satz muss in einzelne **Wörter** zerlegt werden.*
- *Die **Wörter** müssen in einzelne **Laute** zerlegt werden.*
- *Die Symbole (**Buchstaben**) müssen den einzelnen **Lauten** zugeordnet werden.*
- *Nun gilt es, die Buchstaben in der richtigen Reihenfolge zu schreiben.*
- *Gleichzeitig ist die Handmotorik des Kindes gefordert. Das Gehörte muss mit der richtigen Schreibbewegung zu Papier gebracht werden.*

Bei dieser isolierten Betrachtungsweise des Leistungserfordernisses bei einem Diktat erscheint es einleuchtend, dass es bei Nichtfunktionieren einer dieser Teilleistungen unmöglich ist, eine Ansage fehlerfrei zu Papier zu bringen! Einfache Übungen zuhause können diesen Teilbereich spielerisch fördern.

Trainingsmöglichkeiten für zuhause

Hörübungen
Die Differenzierung ähnlich klingender Laute ist in diesem Fall eine der Grundübungen, die das Kind durchführen muss. Unterstützend zu den Trainingsaufgaben des Legastheniespezialisten können Eltern in diesem Fall ihren Kindern im Alltag immer wieder eingestreut solche Übungen stellen. Sprechen Sie deutlich zwei gleiche Wörter aus: z.B.

am Frühstückstisch: „Tee" – „See" oder „Teller" – „Keller" – also **alltagsbezogene Wörter**, die gerade in den Tagesablauf passen. Das Kind soll dann sagen: „Diese Wörter klingen gleich" oder „klingen nicht gleich". Lustiger ist es, wenn Sie mit dem Kind ein Geheimzeichen vereinbaren: Ist das Wort gleich, hebt es den Kaffeelöffel in die Höhe oder es darf leise auf den Tisch klopfen …

Lassen Sie Ihr Kind **Wörter lautieren** („Apfel" – „A-P-F-E-L") und auch **umgekehrt buchstabieren**.
Oder sagen Sie dem Kind eine Buchstabenfolge vor, die es wiederholen soll.

Fragen Sie das Kind jederzeit nach den **Geräuschen**, die es hört: die Straßenbahn im Hintergrund, das Feuerwehrauto ein paar Straßen weiter, das Lachen der Nachbarskinder, das Bellen eines Hundes usw. So lernt das Kind genau hinzuhören und Geräusche differenziert wahrzunehmen.

Der Schulweg bietet Gelegenheit für eine kleine ausgezeichnete Morgenübung. Dieses **Tagesanfangstraining** lieben die Kinder meistens sehr, bekommt es doch die ganze Aufmerksamkeit des begleitenden Elternteils. Diese akustischen Übungseinheiten dürfen jedoch kein Muss sein, können auch ausgelassen werden und sind abhängig von der Tagesverfassung des Kindes. Sie sollen lediglich eine Anregung für eigene fantasievolle Ideen bieten, Trainingseinheiten ganz natürlich in den Tagesablauf miteinzubeziehen.

TIPPS:

Ähnlich klingende Wörter
Sprechen Sie dem Kind auch immer wieder einige ähnlich klingende Wörter vor, dabei erwähnen Sie ein Wort doppelt. Dieses soll das Kind heraushören:

Maus Haus *Laus Jause* Klaus Saus Haus *Pause Raus*
gehen sehen *verstehen* sehen *drehen weggehen*
haben laben *traben fragen* laben *graben plagen*
Führen Sie diese Übung auch mit „Nichtwörtern" durch:
sowimo dowimo fowimo gowimo *sowimo* lowimo
gallawa *dallama* garawa fallawa fragama *dallama* sallawa
gurita fuwita durita *gurita* buwita frugita

Flüstern
Sie einen Satz, den das Kind trotz Straßenlärm hören soll. Sprechen Sie ein paar **Wörter im Rapstil** (z. B. *Ko-omm do-och mi-it mi- ir ü- be-er die Stra-a-aße!*). Kann Ihr Kind Sie verstehen oder lässt es sich ablenken?

Das **auditive Gedächtnis** befähigt ein Kind, sich gewisse gehörte Texte zu merken (und zwar für einen längeren Zeitraum) und auch Fragen über das auditiv Wahrgenommene zu beantworten.
Viele legasthene Kinder weisen hier eine differenzierte Wahrnehmung auf: Es fällt ihnen schwer, wichtige Informationen aus Geschichten herauszufiltern und wiederzugeben. Haben Betroffene im Kleinkindalter viele Geschichten gehört und wurden diese mit ihnen besprochen, kann dies das Ausmaß dieser differenzierten Wahrnehmung verringern. Manchmal haben legasthene Kinder trotz zahlreicher Vorlesestunden Schwierigkeiten mit dem Herausfiltern und Merken von Inhalten.

Vorsprechen und Nachsprechen
Durch das Vorsprechen und Nachsprechen kurzer Reime und Texte kann auch dies gut gefördert werden. Gerade das Training des auditiven Gedächtnisses ist Hauptaufgabe der Eltern. Lesen Sie Ihrem Kind täglich eine kurze Gute-Nacht-Geschichte vor und stellen Sie dem Kind anfangs drei leichte Fragen, die es beantwor-

ten soll, später sollten die Fragen schwieriger werden. Stellen Sie dem Kind auch Detailfragen nach Farben, Formen und Bezeichnungen.

Harald, ein achtjähriges Trainingskind, hat vor lauter Begeisterung über die vielen Geschichten, die er Tag für Tag hört, selber begonnen, ähnliche Geschichten aufzuschreiben.

Das darf und soll das Ziel des intensiven Trainings sein: Das legasthene Kind überwindet seine Scheu vor der Sprache, beginnt sie zu lieben und selber zu artikulieren!

Einige Legastheniker bringen die Reihenfolge des Gehörten durcheinander. Die **auditive Serialität** muss trainiert werden. Kann das Kind die einzelnen gehörten Buchstaben eines Wortes nicht in der richtigen Reihenfolge herausfiltern, kommt es beim Niederschreiben des Gehörten zu „Durcheinanderausdrücken". Aus „Banane" wird „Bnanae" und aus „Butterbrot" „Bruttebort". Diese Sinneswahrnehmung kann auch im Alltag trainiert werden, indem Sie dem Kind jeweils ein kurzes Wort vorsprechen und dann nachsprechen lassen.

Kofferpackspiel
Sie sprechen vor: „Ich packe meinen Koffer und nehme ein Buch mit! Das Kind antwortet: „Ich packe meinen Koffer und nehme ein Buch und ein Handtuch mit!" Nun sind wieder Sie an der Reihe: „Ich packe meinen Koffer und nehme ein Buch, ein Handtuch und einen Pullover mit!" usw. Natürlich kann das Spiel am Weg zum Supermarkt umgewandelt werden in „Ich kaufe ..." oder auf der Ferienreise in „Ich fahre nach Rom, Klagenfurt und ...".

Kästchenspiel
Zwei Spieler haben je ein kariertes Blatt Papier vor sich liegen und geben sich abwechselnd gegenseitig Anweisungen. Z.B. „Geh ein Kästchen nach oben, dann zwei nach links und wieder drei nach unten. Male dieses Kästchen blau an!" Anschließend wird verglichen, ob beide das gleiche Bild gemalt haben!

Arche Noah
In einer größeren Gruppe kann dieses Spiel die auditive Differenzierung fördern. Je zwei Kinder erhalten einen Zettel mit dem gleichen Tiernamen. Nun laufen alle Kinder durcheinander und geben den passenden Tierlaut von sich. Die Tierpaare sollen sich durch diese Laute finden. Das Spiel ist sehr lustig und fördert das Heraushören aus Hintergrundgeräuschen.

Viele weitere Spielideen finden Sie im Kapitel 9, Spiele für legasthene Kinder, und im Kapitel 12, Legasthenie und Computer.

Töne und Musik
Immer wieder fragen Eltern legasthener Kinder, ob das **Erlernen eines Musikinstrumentes** empfehlenswert sei. Sicher fördert das Musizieren die auditive Wahrnehmung, allerdings merzt das Erlernen eines Musikinstrumentes noch lange keine Lese-Rechtschreib-Schwäche aus. Besonders Instrumente, die beide Hirnhälften trainieren wie etwa Klavier oder auch Schlagzeug, können einen zusätzlichen Trainingseffekt bewirken. Das Kind lernt Tonhöhen zu unterscheiden, hört verschiedene Geräusche, lernt Melodien heraushören und erlebt auch gewisse Entspannungs- und Erfolgsmomente. Viele legasthene Kinder erlernen allerdings nie das Spielen nach Noten, entwickeln aber ein unglaubliches Gedächtnis im Merken und Nachspielen von Melodien.

Elektronische Tonspiele

Immer mehr Firmen setzen auf elektronische Geräte für das auditive Wahrnehmungstraining. Die Geräte ähneln kleinen Gameboys und werden von den Kindern meist gerne angenommen. Der Brain-Boy (MediTech) etwa basiert auf der Feststellung, dass für das Lernen die Zusammenarbeit beider Hirnhälften eine wichtige Rolle spielt. Trainiert werden Richtungshören, Tonhöhendiskrimination, auditiv-motorische Koordination, Wahl-Reaktionsaufgaben (Tonintervalle, Buchstabenerkennen) und Tonfolgenunterscheidung. Manche Legasthenietrainer wenden diese Geräte zusätzlich als Element zur Förderung der Aufmerksamkeit des Schülers an. Eltern legasthener Kinder werden mit diesen Geräten immer wieder konfrontiert. Sinnvoll erscheint es, von einem darin ausgebildeten Trainer begleitet zu werden. Es ist im Grunde genommen auch notwendig, sich für zuhause ebenfalls entsprechende Geräte anzuschaffen, da diese nur bei täglichem Gebrauch effizient wirksam sind. Die relativ hohen Anschaffungspreise sind ein Nachteil dieser Geräte. Ob das Kind diese Geräte benötigt bzw. im Lernerfolg gefördert wird, kann nur ausprobiert und muss letztlich von den Eltern entschieden werden.

(Im Kapitel 12, Legasthenie und Computer, gibt es auch Hinweise auf CD-ROMs, die gewisse Elemente der Tonunterscheidung enthalten.)

FAZIT

Ein legasthener Mensch kann eine differenzierte auditive Wahrnehmung haben. In vielen Fällen ist die auditive (akustische), also das Hören betreffende, Wahrnehmung differenziert. Wenn ohrenärztlich abgeklärt ist, dass keine physische Ursache für die mangelnde auditive Differenzierung vorhanden ist, dann ist ein Trainieren der Sinneswahrnehmung „Hören" angebracht. Viele Angebote sind auf dem Markt zu finden. Suchen Sie gemeinsam mit dem Legasthenie-betreuer Ihres Kindes eine individuell an die Bedürfnisse Ihres Kindes angepasste Trainingslösung. Beachten Sie, dass zu dem Wahrnehmungstraining auch immer ein Symptomtraining (ein Üben an den Fehlern) angeboten werden sollte!

6. RAUMORIENTIERUNG UND KÖRPERSCHEMA

Eine Voraussetzung für das Schreiben- und Lesenlernen bilden die Raumwahrnehmung und die Raumvorstellung. Um etwa Buchstaben wie n und u oder p und q oder d und b zu unterscheiden, benötigt ein Kind eine differenzierte Raumwahrnehmung. Anders als beim auditiven (Sehen) und dem akustischen Bereich (Hören) steht dem Menschen für die Raumorientierung kein eigenes Körperorgan zur Verfügung. Bei der Raumwahrnehmung und auch dem Körperschema (Wo befindet sich die linke Hand, das rechte Ohr und das linke Bein?) bedarf es einer Kombination verschiedener Sinneswahrnehmungen, die miteinander verknüpft werden müssen. So sind daran der Gesichts-, der Hör-, der Tast- und der Bewegungssinn beteiligt. Bei der Wahrnehmung von Gegenständen werden diese im Allgemeinen an einem bestimmten Platz im Raum lokalisiert. Liegt etwa ein Gegenstand vor einer Person auf dem Tisch, so wird dieser Gegenstand in Relation zur Person und in Relation zum Gegenstand wahrgenommen. An dieser Wahrnehmung können neben den bereits erwähnten Sinnen auch Haut- und Körpersinne beteiligt sein. Manchmal wird zur Lokalisation von Gegenständen auch der Geruchsinn eingesetzt.

Viele dieser Wahrnehmungen kommen aus der Erfahrung (Empirismus) des Kindes. Das Kind erwirbt eine Vorstellung von seinem Körper (Körperschema) durch sensomotorische Erfahrungen aus dem taktil-kinästhetisch-vestibulären Bereich. So vermag es das Körperschema auf den Raum zu übertragen. Allerdings ist die empirische Begründung der Raumwahrnehmung nur eine Seite, Raumwahrnehmung liegt in gewissem Maße auch in der Natur des Organismus (Nativismus). Das Wahrnehmen des Raumes ist also ein Zusammenspiel angeborener, reifungs- und erfahrungsbedingter Faktoren.

Nun ist es so, dass nicht jedes legasthene Kind eine differenziert ausgeprägte Sinneswahrnehmung im Bereich der Raumwahrnehmung oder des Körperschemas hat. Diese Kinder werden oft erst sehr spät als Legastheniker erkannt, da sie die von den meisten Menschen mit Legasthenie in Verbindung gebrachte Verwechslung von „links"/„rechts" und „oben"/„unten" nicht aufweisen. Kinder, die keine differenzierte Raumwahrnehmung haben, verdrehen auch keine Buchstaben und können „p" und „q" mühelos voneinander unterscheiden.

Kinder mit Raumlageproblemen hingegen fallen nicht nur durch die erwähnten Merkmale auf, sondern auch durch die Schwierigkeit, ihre Position im Raum richtig einzuschätzen.

Erkennungsmerkmale

Grundsätzlich wird eine differenzierte Raumwahrnehmung im Feststellungsverfahren durch einen Legastheniespezialisten diagnostiziert.

Im Folgenden finden Eltern **Anhaltspunkte**, um eine allfällige differenzierte Raumwahrnehmung bei ihrem Kind orten zu können:

- Nichtauseinanderhalten von „oben", „unten", „links", „rechts", „davor", „dahinter", „neben", „zwischen" ...
- langsames, unsicheres Lesen
- schlechtes Zeitgefühl
- geringes Orientierungsvermögen
- unsichere Körperhaltung
- wirkt ungeschickt
- findet Dinge nach seinem eigenen Prinzip (Eltern verzweifeln an der „Un"ordnung ihres Kindes)
- Schreib- und Leserichtung wird oft nicht eingehalten
- Schreiben „über den Heftrand"
- Uneinheitliches Schriftbild
- Probleme beim Erlernen des Radfahrens und des Schwimmens

■ Bewegungsspiele bereiten große Schwierigkeiten
■ Probleme mit Größen, Einheiten und Abständen

Die erwähnten differenzierten Wahrnehmungen lassen sich im Alltag besonders leicht trainieren. Deswegen sind bei früh geförderten Kindern die Raumorientierung und das Körperschema meist weniger stark differenziert als bei spät erkannten Legasthenikern. Diese Komponente kommt durch flächendeckend durchgeführte Frühförderprogramme besonders zum Tragen. Kindergartengruppen, die gemeinsam ein Frühförderprogramm in Körperschema und Raumorientierung durchführen, tragen dazu bei, dass legasthene Kinder zu einem Zeitpunkt, da ihre differenzierte Sinnesleistung noch nicht diagnostiziert werden kann, trainiert werden. Andererseits sind diese Frühförderprogramme auch für nicht legasthene Kinder eine gute Vorbereitung auf die Schule.

Fördermöglichkeiten für zuhause

Auch hier gibt es viele Fördermöglichkeiten für Eltern. Meist handelt es sich um ganz simple Tätigkeiten und Übungen, die ohne großen Aufwand an Zeit und Kosten durchgeführt werden können.

TIPPS:

Gegenstände lokalisieren

Nennen Sie einen Gegenstand im Raum oder im Freien. Das Kind soll den „Aufenthaltsort" richtig formulieren. Sie zeigen etwa auf einen „Teller", das Kind sagt: „Der Teller ist *auf dem* Tisch." Oder Sie zeigen auf den „Apfelbaum". Der „Apfelbaum" steht *neben dem* Zaun oder *links* vom Zaun."

Oder Sie fragen: „Was liegt *auf* der Bank?" Antwort: „Auf der Bank liegt ein Kissen."

Schätzspiele

Sie geben dem Kind zwei verschiedene Gegenstände in die Hand. „Welcher ist größer? Welcher kleiner? Welcher ist schwerer? Welcher ist länger, welcher kürzer?"

Experimentieren mit Mengen

Üben Sie mit Flüssigkeitsmengen (z.B. beim Backen oder Kochen). „Wie viel Wasser passt in welches Gefäß?" Oder lassen Sie das Kind Mengen schätzen: „Wie viele Rosinen passen in die Kaffeetasse? Wie viel Mehl in das Glas?"

Bewegungsspiele

Lassen Sie Ihr Kind nach Ihren Anweisungen Bewegungen durchführen: „Setze dich auf den Boden!", „Gehe zur Tür" usw.
Lustiger sind Bewegungslieder, die mittlerweile zahlreich angeboten werden. Die einzelnen Wörter dieser Lieder stehen für bestimmte Bewegungen.
Literaturtipp: Maierhofer, Kern: „SimSalaSing". Lieder zum Singen, Spielen und Tanzen; Edition Helbling

Figuren nachlegen

Das Kind und der Erwachsene erhalten je einen Satz gleicher Steine (z.B. verschieden lange und farbige Legosteine). Der Erwachsene legt mit den Steinen eine Figur vor, das Kind sitzt neben dem Erwachsenen und legt die Figur nach.
Anschließend setzt sich das Kind im 90-Grad-Winkel zum Erwachsenen und legt die Figur aus dieser Position nach. Erst wenn das Kind dieses Nachlegen von verschiedenen Figuren beherrscht, setzt es sich dem Erwachsenen gegenüber und legt die Figur nach, die nun „spiegelverkehrt" ist.
Manchen Kindern hilft es, diese Übung zunächst mit einem Spiegel zu üben.

Es gibt zahlreiche Gegenstände, die sich zum Vor- und Nachlegen eignen: Zündhölzer, Zahnstocher, Büroklammern, Nägel, Fäden, Blätter, Nüsse ... Der Fantasie und dem Ideenreichtum sind keine Grenzen gesetzt, das Spiel kann nahezu überall und zu jeder Zeit gespielt werden!

Fördermöglichkeiten – Körperschema

Das Körperschema oder Körperbild lässt sich durch eine einfache Übung definieren: Schließen Sie die Augen und konzentrieren Sie sich auf Ihren Körper. Wie Sie den Körper wahrnehmen, beschreibt Ihr Körperbild oder -schema.

Das Körperschema ist – wie bereits im Abschnitt über die Raumwahrnehmung definiert – ebenfalls das Produkt all dessen, was ein Mensch durch Bewegungserfahrungen, Tasterlebnisse und verschiedene andere Sinneswahrnehmungen erlebt hat.

TIPPS:

Holzgliederpuppe

Formen Sie mit einer Holzgliederpuppe verschiedene Positionen (rechter Arm in die Höhe, Kopf vorbeugen, Hinknien usw.), die Ihr Kind mit seinem Körper nachstellen muss.

Eine preiswertere Variante und ebenfalls gut durchführbar: Basteln Sie aus einem langen „Pfeifenputzer" (Biegeplüsch) ein einfaches „Männchen" und biegen dieses in verschiedene Körperpositionen.

Fingerstellungen

Machen Sie dem Kind mit einer Hand verschiedene Fingerstellungen vor, die es nachstellen soll.

Kräftemessen

Das beliebte Gasthausspiel als Trainingsspiel: Zwei Spielpartner sitzen einander an einem Tisch gegenüber, beide stützen den Ellbogen der rechten (oder der linken) Hand auf den Tisch, fassen sich gegenseitig an der Hand. Nun versuchen die beiden den Arm des Partners auf die Tischplatte niederzudrücken.

Buchstaben erraten

Ein Spielpartner zeichnet dem anderen mit dem Finger Figuren oder Buchstaben (Wörter) auf den Rücken, der andere muss diese erraten.
Oder rollen Sie verschiedene kleine Gegenstände über den Rücken des Kindes. Dieses soll die Gegenstände erraten.

Luftballontanz

Zu fröhlicher Musik tanzen zwei Kinder miteinander, indem sie zwischen ihre Stirnen einen Luftballon geklemmt halten. Der Ballon darf nicht herunterfallen.

Spiegelbilder

Der Erwachsene stellt eine Körperposition vor, das Kind muss diese spiegelbildlich ausführen. Das ist gar nicht so einfach!

Überkreuztänze

Machen Sie dem Kind eine Bewegungsabfolge (z.B. zweimal mit den Händen auf die Oberschenkel tappen, einmal in die Hände klatschen, zweimal mit den Füßen stampfen, einmal die Arme in die Höhe reißen …) vor. Das Kind soll sich die Abfolge merken und nachstellen.
Oder das Kind denkt sich einen Bewegungsablauf aus und Sie stellen ihn nach!

Zuordnen von Körperteilen

Den einzelnen Körperteilen werden Farben, Zahlen oder Gegenstände (z.B. Obstsorten, Schulmaterial) zugeordnet. Das Kind muss sich diese Zuordnungen merken. Halten Sie nun die passende Karte für Fuß (z.B. Katze) in die Höhe, das Kind muss den passenden Körperteil berühren.

Puzzle

Ein Kopfbild oder ein Ganzkörperfoto (aus einer Illustrierten) wird in einige Teile zerschnitten. Das Kind soll dieses Puzzle wieder richtig zusammenfügen. Eventuell auch mit eigenem Foto durchführen.

Turnübungen

„Hampelmann" (abwechselnd im Sprung Hände über dem Kopf zusammenklatschen und Beine schließen) oder „Klappmesser" (am Boden sitzend Arme und Beine ausstrecken, dann Beine und Arme „zusammenklappen") durchführen lassen.

Viele weitere Spielideen finden Sie in den Kapitel 9, Spiele für legasthene Kinder, und in Kapitel 12, Legasthenie und Computer.

FAZIT

Raumwahrnehmung und Körperschema schließen viele Sinneswahrnehmungen mit ein. Ein ganzheitliches Erfahren und Trainieren dieser Sinne ist besonders für legasthene Kinder wichtig.
Die hier angeführten Übungen sind als Ergänzung oder auch als Basisübungen zu verstehen. Um eine Verbesserung der Raumlageprobleme im Leserechtschreibbereich zu erzielen, müssen natürlich auch konkrete Raumwahrnehmungsübungen mit Symbolen (Buchstaben, Zahlen) durchgeführt werden. Besonders empfehlenswert in diesem Zusammenhang ist das im Kapitel „Legasthenie und Computer" erwähnte Computerübungsprogramm „Lettris".

7. SERIALITÄT

Gemäß eneir Sutide eneir elgnihcesn Uviniseterät, ist es nchit witihcg in wlecehr Rneflogheie die Bstachuebn in eneim Wort snid, das ezniige was wcthiig ist, ist dass der estre und der leztte Bstabchue an der ritihcegn Pstoiion snid.

Alles verstanden? Oder verursacht dieses Buchstabendurcheinander Kopfschmerzen? Ein hoher Prozentsatz der legasthenen Kinder hat Probleme mit der Serialität bzw. Reihenfolge der Buchstaben. Die differenzierte Wahrnehmung bewirkt nicht nur, dass die Buchstaben vor den Augen verschwimmen, sie scheinen sich auch des Öfteren an einem anderen Platz zu befinden. Der oben stehende Text zeigt in anschaulicher Weise, dass ein sinnerfassendes Verstehen von Texten, insbesondere schwierigen Inhalts, nahezu unmöglich erscheint.

Dies erklärt auch, dass Kinder mit einer nur leicht differenzierten Wahrnehmung in den ersten Schuljahren nicht auffällig sind. Die zumeist häufig geübten Lernwörter werden vom Kind durch intensives Üben und punktuelles Abfragen recht gut beherrscht. Wenn aber freies Aufsatzschreiben angesagt ist, stehen Eltern und Lehrer wegen der scheinbar plötzlich schlechten Rechtschreibleistung des Kindes vor einem Rätsel.

Vor allem Textbeispiele im Mathematikunterricht fallen den betroffenen Kindern, die ansonsten gute Rechner sind, schwer. Einen Text sinnerfassend zu verstehen, erscheint ein Ding der Unmöglichkeit zu sein!

„Ich glaube, meine Tochter ist strohdumm! Genau dieses Textbeispiel haben wir am Abend vor der Schularbeit geübt, und dann rechnet sie die falschen Posten zusammen! Es ist zum Verzweifeln!"

Solche Aussagen sind regelmäßige Erfahrungen in meiner Praxis. Für einen nicht legasthenen Menschen ist es unvorstellbar, dass ein Betroffener Reihenfolgen nicht erkennen kann, aber das Verständnis dafür ist Grundvoraussetzung, dass Eltern oder Lehrer das Kind richtig fördern können. Kein legasthenes Kind verdreht absichtlich Anordnungen oder gar Buchstaben und Zahlen!

Kinder mit schwer ausgeprägter differenzierter Wahrnehmung im Bereich optischer oder akustischer Serialität werden meist deutlich früher erkannt. Denn verdrehte Buchstaben oder Zahlen sind das allgemein bekannte und anerkannte Bild eines legasthenen Menschen.

Erkennungsmerkmale

Die **Optische Serialität** stellt die richtige Anordnung beim Schreiben und Lesen von Buchstaben und Zahlen dar. Das heißt, ein Kind mit Schwierigkeiten in diesem Bereich setzt in seinen Gedanken die einzelnen Bestandteile eines Wortes wie mit fiktiven Buchstabenkärtchen zusammen. Es hört etwa „Bank" und setzt – mehr oder weniger mühsam – „B-A-N-K" zusammen. Es könnte aber auch „B-N-A-K" sein. Und dann ist das Wort leider schon wieder rot angestrichen!

Legasthene Kinder sind generell leicht ablenkbar und „können ihre Gedanken nicht so gut zusammenhalten". Diese Tatsache begünstigt die Reihenfolgefehler! Trainierbar sind diese Symptome allerdings allemal!

Die **Akustische Serialität** drückt aus, dass eine Person fähig ist herauszuhören, welches Wort in einem Satz zuerst gesprochen wurde. Es fällt dem betroffenen Kind schwer, zwischen ähnlichen und gleichen Wörtern zu unterscheiden, oftmals ist es ihm sogar nahezu unmöglich! Das Kind hört manche Laute nicht. Darüber hinaus gelingt das Merken des Gehörten nicht immer.

Fördermöglichkeiten für zuhause

Hat ein Legastheniespezialist eine differenzierte Wahrnehmung im Bereich der akustischen und/oder optischen Serialität bei Ihrem Kind festgestellt, wird er dies zunächst in einem pädagogischen bzw. psychologischen Gutachten bescheinigen. Dieses Gutachten ist dem Klassenlehrer bzw. den Lehrern der Mutter- und Fremdsprachen vorzulegen.

Diese Vorgangsweise ist deswegen zu empfehlen, da Serialitätsfehler vom nicht in Legasthenie geschulten Lehrer als Rechtschreibfehler beurteilt werden. In diesen Bereich fallen auch Fehler, bei denen der letzte Buchstabe eines Wortes „vergessen" wurde, etwa „nich" statt „nicht" oder im Fremdsprachenunterricht „believ" statt „believe". Die meisten Sprach- und Deutschlehrer sind erfahrungsgemäß dankbar für ein entsprechendes Attest, wenn es auf die Fehler des Kindes zutreffend ist.

Einer meiner älteren Schüler, der zwölfjährige Benjamin, wurde von seinen Eltern verzweifelt zum pädagogischen Legasthenietestverfahren geschickt, bei dem sich eine stark differenzierte Sinneswahrnehmung im seriellen Bereich herausstellte. Seine schlechten Sprachnoten änderten sich schlagartig, da die Lehrer feststellten, dass die meisten seiner Fehler auf diese Tatsache zurückzuführen waren. Durch gezieltes Training gelang es Benjamin, in einem Schuljahr die meisten dieser Fehler auszumerzen. Allerdings führt Benjamin in regelmäßigen Abständen immer wieder Wahrnehmungsübungen im seriellen Bereich durch, um seine „Gedanken" und „die Buchstaben" in der richtigen Reihenfolge zu halten. Das gelingt ihm recht gut. Andere Schüler müssen länger und intensiver trainieren.

Die Ausprägung und Erscheinungsform der Legasthenie ist so verschieden wie jeder einzelne Mensch unterschiedlich ist. So ist beim Legasthenietraining immer wieder die individuelle Betreuung gefragt.

Das erklärt die mehrmals betonte Ansicht, dass ein Einzeltraining in den meisten Fällen sinnvoller ist, auch wenn es für die Eltern zunächst kostspieliger erscheint. Aber dafür ist in kürzerer Zeit mit Erfolgen zu rechnen!

Neben den vom Legastheniespezialisten durchgeführten und empfohlenen Übungen können Eltern (und auch Lehrer) in den Tagesablauf spielerisch Übungen einbauen. Diese Art des „Lebenstrainings" macht den Kindern besonders viel Spaß. Nicht zuletzt deswegen, weil das legasthene Kind zumeist gar nicht merkt, dass es schon wieder übt. Die Tatsache, dass ein Elternteil oder eine andere Bezugsperson sich mit ihm beschäftigt, lässt das Kind über die zusätzliche Übung lächelnd hinwegsehen.

Natürlich gilt auch hier, das Kind nicht zu überfordern. Wenn es im Augenblick nicht üben will, aber ansonsten eifrig beim Trainieren ist, dann soll der Erwachsene die Ablehnung des Kindes auch akzeptieren können. Denn manchmal gibt es auch ein Zuviel!

TIPPS – optische Serialität:

Figuren nachzeichnen
Zeichnen Sie dem Kind beliebige Muster vor, die das Kind in der richtigen Reihenfolge nachzeichnen soll.

Wörter finden
Schreiben Sie in jeweils ein Rasterkästchen die Buchstaben eines Wortes durcheinander auf. Beginnen Sie mit kurzen Wörtern (zuerst 3, dann 4, später 5 oder 6 Buchstaben). Das Kind soll diese Buchstaben zu einem sinnvollen Wort zusammensetzen und in das rechts daneben befindliche Kästchen schreiben.

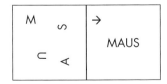

Schränken Sie der Vereinfachung halber zunächst ein: „Es ist ein Namenwort" oder „Es ist ein Tunwort."
Lassen Sie auch Ihr Kind solche „Arbeitsblätter" entwerfen. Kehren Sie die Situation um: Dieses Mal sind Sie der Schüler und das Kind der Trainer!

Buchstabensalat

> Da hat jemand Buchstaben durcheinander gebracht!
> Findest du die richtigen Tunwörter?
>
> 1) AUFLEN
> 2) NEALM
> 3) ENINGRPS
> 4) INRTEKN
> 5) GEERVSSNE
> 6) INSE
> 7) NENZECHI
> 8) HCNEMA
>
> Das war anstrengend! Zeichne zur Erholung eine Blumenwiese, in der viele bunte Blumen ASCHWEN und einige Schmetterlinge EIFLNEG!

(Lösung: laufen, malen, springen, trinken, vergessen, sein, zeichnen, machen, wachsen, fliegen)

Perlen nachlegen

Besonders Mädchen spielen gerne damit. Legen Sie verschiedene Perlenfarben bzw. -formen in einer bestimmten Reihenfolge auf. Diese Perlenreihenfolge soll mit einem zweiten Satz nachgelegt werden. Erschweren kann man diese Übung, indem die von Ihnen gelegte Reihe nach kurzem Betrachten abgedeckt wird.

Dieses Spiel lässt sich in den verschiedensten Varianten und mit den unterschiedlichsten Gegenständen spielen (Legosteinen, Stiften, Magneten, Stempeln oder sogar Gummibärchen).

Buchstabenkärtchen basteln
Im gut sortierten Papierfachhandel gibt es Blankomemorykärtchen zu kaufen. Beschriften Sie diese mit ähnlich aussehenden Buchstabenkombinationen (jeweils zwei Kärtchen mit den gleichen). Spielen Sie mit diesen Karten Memory.
In der ersten Stufe legen Sie bitte die Karten mit der Bildseite nach oben auf den Tisch. Lassen Sie das Kind die Paare suchen. Beherrscht das Kind diese Übung, wenden Sie die gemischten Karten und spielen in der zweiten Stufe das klassische Memoryspiel.
Wenn Sie auf eine Kartonvorlage die jeweiligen Kärtchen kopieren, können Sie in einer dritten Stufe „Lotto" spielen, indem jeder Mitspieler solch eine Vorlage vor sich liegen hat und jeweils abwechselnd eine Buchstabenkarte aus dem Stapel zieht und nachsieht, ob er sie auf seine Platte auflegen kann.
In der vierten Stufe kann mit diesen Kärtchen „Schnipp-Schnapp" gespielt werden. Die Karten werden gut durchmischt und auf zwei Spieler aufgeteilt. Der erste legt eine Karte von dem Stapel, den er verdeckt in der Hand hält, auf den Tisch und sagt „Schnipp". Der andere legt seine oberste Karte auf die offene Karte auf den Tisch und sagt „Schnipp", wenn es sich um eine andere Karte handelt, aber „Schnapp", wenn es diejenige mit dem gleichen Buchstabenmuster ist. Dann gehören beide Karten dem betreffenden Spieler und er legt sie unter seinen Stapel, dann beginnt das Spiel von Neuem. Wer als Erster keine Karten mehr in der Hand hält, hat gewonnen.

Memory

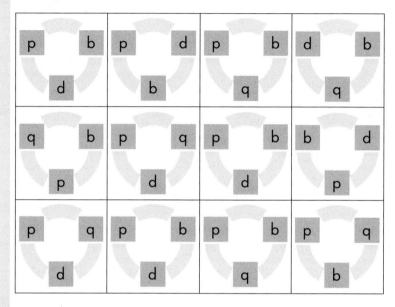

Dieses Memory-Vorlageblatt finden Sie – mit vielen anderen pädagogisch wertvollen und kostenlos downloadbaren Arbeitsunterlagen – unter www.legasthenietrainer.com, einer Initiative für legasthene Kinder und deren Eltern vom EÖDL (Erster Österreichischer Dachverband Legasthenie). Dieses Memory-Spiel erfordert eine hohe Konzentration, macht aber Spaß und fördert in hohem Maß die optische Serialität.

Ordnungsspiele

Reihenfolgen lernt das Kind auch schon im Vorschulalter durch einfache Ordnungsprozesse im Alltag kennen. Lassen Sie Ihr Kind verschiedene Gegenstände nach einem vorgegebenen Prinzip ordnen: etwa Nägel oder Schrauben nach ihrer Größe oder Obst nach der Sorte oder Knöpfe nach der Form.

Der Fantasie der Eltern ist in diesem Bereich keine Grenze gesetzt. Auch dieses Spiel kann überall angewendet werden, auch am Strand mit Muscheln oder im Wald mit Tannenzapfen.

Knetspiele
Im Haushalt legasthener Kinder sollte Knetmasse nicht fehlen, da damit abwechslungsreich gearbeitet werden kann (1 Tasse Mehl, 1 Tasse Salz, eine halbe Tasse Wasser, 2 Esslöffel Öl, eventuell Lebensmittelfarbe aus der Apotheke).
Das Kind darf verschiedene vorgegebene Formen oder auch Buchstaben nachkneten und an der Luft trocknen lassen. Man kann die Salzteigformen danach mit Wasserfarbe bemalen und lackieren, damit die Erzeugnisse auch haltbar sind.
Zeichnen Sie auf ein Blatt Papier auf eine Zeile einige Formen (Spirale, Quadrat, Kreis ...). Das Kind knetet nun die Figuren in der angegebenen Reihenfolge nach und legt sie auf. Wenn Ihr Kind gerne mit Knete spielt, können Sie auf Blankokärtchen gewisse Muster aufzeichnen und diese immer wieder in verschiedenen Reihenfolgen auflegen, nachformen und -legen lassen.
Tauschen Sie auch hier einmal die Rollen: Das Kind gibt die Formen vor und Sie kneten und legen auf! Das Kind muss ganz genau schauen, ob Sie auch alles richtig gemacht haben!

FAZIT

Sinnerfassendes Lesen ist an die Anordnung von Buchstaben gebunden. Kinder mit differenzierter Wahrnehmung in diesem Bereich benötigen zum klassischen Buchstaben- und Wortbildlernen gezielte Übungen. Dieses Trainieren darf Spaß machen und kann zusätzlich zum Fördertraining durch einen Spezialisten sehr gut zu Hause durch einfache, in den Alltag eingebaute Spiele und Beschäftigungen geübt werden.

8. SYMPTOMTRAINING

Ein legasthenes Kind muss neben aller Förderung seiner Teilleistungsschwächen und einem Aufmerksamkeitstraining vor allem auch an seiner Leserechtschreibleistung arbeiten. Therapien, die dies außer Acht lassen, sind unseriös. Letztlich lernt das Kind Rechtschreiben durch das Arbeiten an seinen Fehlern!
Dem muss eine Fehleranalyse vorangehen. Dies geschieht meist mit einem Leserechtschreibtest, schriftlichen Arbeiten des Kindes und in Rücksprache mit Eltern und Lehrern durch einen Legastheniespezialisten (siehe Kapitel 2, Legastheniediagnostik).
Gerade dieses intensive Üben fällt einem betroffenen Kind sehr schwer und bereitet ihm auch meist wenig Freude. Hier gilt es besonders aufmerksam in der Auswahl des Materials zu sein.

Allgemeine Tipps für das Symptomtraining, dem Üben an den Fehlern:
- Helfen Sie dem Kind mit einer kurzen Aufmerksamkeitsübung (siehe Kapitel 3, Aufmerksamkeit), die Gedanken auf die vor ihm liegende Tätigkeit zu richten.
- Unterschätzen Sie nicht die große Anstrengung, die es für ein legasthenes Kind bedeutet, die Buchstabensymbolik zu erlernen. Vergleichen Sie es niemals mit einem nicht legasthenen Kind!
- Lassen Sie Ihrem Kind Zeit: Legastheniker benötigen einen längeren Zeitrahmen, um Buchstaben zu erlernen.
- Bieten Sie Ihrem Kind zum Erlernen der Buchstaben und Wörter nicht nur vorgefertigtes Material an, sondern lassen Sie es aus verschiedenen Materialien selber Buchstaben herstellen!
- Motivieren Sie das Kind, Buchstaben, Silben, Laute und Wörter zu lautieren.
- Verwenden Sie für die Schreibübungen auch die Schreibmaschine oder die Computertastatur!

- Beziehen Sie bei den Symptomübungen den ganzen Körper des Kindes mit ein. Es kann die Buchstaben mit Handzeichen, mit Armen und Beinen oder auch mit Bewegungen mitzeigen.
- Silben können mitgeklatscht werden.
- Lassen Sie Ihr Kind trotz zahlreicher Rechtschreibfehler freie Texte schreiben. So bekommt Ihr Kind Freude an der Sprache.
- Loben Sie Ihr Kind, auch wenn es noch viele Fehler macht!
- Sprechen Sie über Ihre Sorgen und Lasten mit Menschen, die Sie verstehen. Das hilft Mutlosigkeit und manchmal auftretende Aggressionen zu mildern!
- Merken Sie sich: Sie und Ihr Kind leisten Großartiges!

Die hier angeführten **praktischen Beispiele für das Symptomtraining** können und wollen nicht die fachliche Arbeit eines Legastheniespezialisten ersetzen. Sie sollen Hilfestellung bieten, um sich ein Bild von Sinnhaftigkeit und Effizienz zu machen. Es kann auch Anleitung und Tipps für Lehrer und Trainer bieten. Dennoch sei an dieser Stelle nochmals betont, dass ein gezieltes Trainingsprogramm von einer fachlich geschulten Person erstellt werden sollte, damit das Training in wirkungsvolle Bahnen und Richtungen gelenkt werden kann.

Fördermöglichkeiten für zuhause

Karteikästchen
Eine kleine Schachtel wird in 5 Abteilungen geteilt. Auf passende Kärtchen werden Wörter, die das Kind schon öfters orthografisch falsch geschrieben hat, notiert. Diese werden in die erste Abteilung gesteckt. Nun übt sich das Kind Wort für Wort durch. Der Erwachsene sagt das Wort an, der Schüler schreibt es auf. Ist es richtig, wandert das Kärtchen mit dem betreffenden Wort in die nächste Abteilung. Am nächsten Tag wiederholt sich dieser Übungsprozess. Richtig geschriebene Wortkärtchen wandern eine Abteilung weiter,

falsch geschriebene verbleiben. Werden sie am darauf folgenden Tag erneut fehlerhaft wiedergegeben, steckt man sie sogar um eine Abteilung zurück. Erst wenn ein Kärtchen in der 5. Abteilung gelandet und dort drei Tage verblieben ist, gilt das Wort als „gelernt" und kann in eine zweite Schachtel „Gelernte Wörter" abwandern.

Das Üben mit dem Karteikasten klingt genauso mühsam wie es ist. Und auch genauso langwierig und eintönig. Ein Kind, das diese Methode in dieser oftmals propagierten Form durchführt, muss hoch motiviert sein und ebensolche Eltern haben! Bei vielen Schülern zeigt sich in kürzester Zeit ein Frustrationsverhalten.

Mehr Erfolg zeigt sich bei der Karteikartenmethode, wenn gewisse individuelle Varianten angeboten werden. Etwa das Nachlegen der Wörter mit Holzbuchstaben (in sehr schöner Ausarbeitung und vor allem in der aktuellen österreichischen Schulschrift von der Werkstätte OPUS angeboten: www.werkstaette-opus.at).

Buchstabensuppe und mehr
Die Lernwörter können alternativ mit Knete nachgelegt, mit dem Finger oder der Nasenspitze in der Luft geschrieben oder in einer kleinen Wanne in den Sand gemalt werden. Oder die Buchstaben mit Rasierschaum auf ein Tablett spritzen lassen oder Kekse in Buchstabenform backen und nachlegen. Bekannt ist ja auch die allseits beliebte Buchstabensuppe. Vor dem Essen können mit dem Löffel am Tellerrand Wörter gelegt werden. Eine weitere Möglichkeit besteht darin, einen Wollfaden kurz unter Wasser anzufeuchten und auf einer Plastikunterlage Wörter in Schreibschrift zu legen. Gute Annahme finden auch Sandpapierbuchstaben. Hier sind der Fantasie keine Grenzen gesetzt!

Wortlisten
Auf verschiedenen Papierblättern, am besten im Ringbuchsystem, werden „verwandte" Wörter gesammelt (z.B. Reimwörter, die

den gleichen Rechtschreibregeln unterliegen: Baum, Raum, Saum, kaum, Schaum). Oder aber Wörter, die vom Wortstamm betrachtet verwandt sind: stehen, verstehen, Stehlampe, bestehen, entstehen, Entstehung, einstehen, anstehen, Stand, Verständnis ...

Mind Mapping
Wie bei den Wortlisten wird ein Grundwort in die Mitte des Blattes gesetzt, von dem aus das Kind Strahlen zeichnet und verwandte Wörter aufschreibt, etwa „ie"-Wörter.

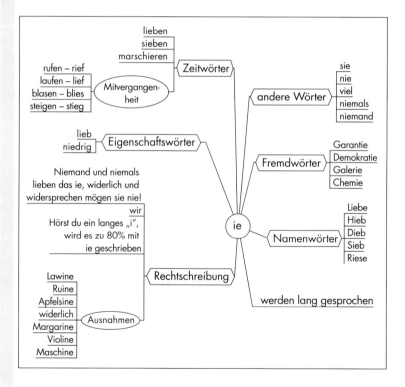

In der Mitte des Blattes zeichnet man ein einprägsames Bild, aus dem das Hauptthema zu erkennen ist. Es darf auch mit bunten

Farben gearbeitet werden. Vom zentralen Bild ausgehend zeichnet man für jeden Unterpunkt eine Linie. Auf diesen Linien werden Schlüsselwörter zu den jeweiligen Unterpunkten geschrieben. Das Mind Map sollte möglichst übersichtlich und in leserlicher Schrift verfasst werden.
Bilder oder Symbole erleichtern die Aufnahme des Lernstoffes (der Lernwörter). Es ist das persönliche Lernhilfsmittel des Kindes und sollte von diesem frei gestaltet werden.
Ein kurzer Blick auf ein erarbeitetes Mind Map genügt, um Themengebiete oder Wortstämme durch die zentrale Anordnung zu erfassen. Die grafische Umsetzung des Lernstoffes durch das Kind unterstützt die Aufmerksamkeit.
Durch die grafische Darstellung erkennt man leicht, welche Teilbereiche eines Themas noch geübt werden müssen. Die Mind Maps eignen sich auch hervorragend als Wiederholung von Lernwörtern und anderem Lernstoff.

Lernplakate oder Lernposter
Gut sichtbar werden große Papierbögen im Kinderzimmer an der Wand befestigt. Darauf schreibt das Kind seine aktuellen Übungswörter und zeichnet bunte, passende Bilder dazu. Nun hat das Kind täglich den Lernstoff vor Augen. Geht es zufällig an den Plakaten vorbei, kann es die Lernwörter wiederholen oder prägt sie sich durch das oftmalige Hinsehen ins Unterbewusstsein ein.
Manche Kinder haben an der Wand eine Plastiktafel, auf die sie mit Whiteboardstiften die aktuellen Wörter aufschreiben und nach der Überprüfung am Ende der Woche wieder ablöschen. Im Handel gibt es auch kindgerechte Whiteboards mit lustigen Mustern und originellen Magneten als Zierde. Das erhöht die Lernfreude!

Schummelzettel
Diese Spickzettel schreiben und an verschiedenen Stellen in der

Wohnung aufkleben: am Badezimmerspiegel, beim Frühstückstisch, neben dem Bett und neben dem Schreibtisch, auch am Schuhschrank und neben der Dusche. Da das Kind die Wörter oft zu Gesicht bekommt, benötigt es die Schummelzettel nicht mehr für ihre eigentliche Bestimmung!

All die bisher angeführten Methoden des Symptomtrainings können gut in Kombination mit einer Lernwörterkartei angewandt werden, deren monotone Handhabung durch diese Zusatzideen aufgelockert wird. So akzeptiert das legasthene Kind das konsequente Abarbeiten von Fehlerwörtern.

GUT-Rechtschreibprogramm (www.comundlern.de)
Gerne trainieren Kinder erfahrungsgemäß mit diesem empfehlenswerten Computerkarteiprogramm, das auch eine Karteikartenversion mit einschließt. Bei diesem Spiel werden gelernte Wörter virtuell in einem Baumhaus gespeichert. Es gibt die Möglichkeit, das Baumhaus individuell mit Bonuspunkten einzurichten. So üben die Kinder schon einmal ein paar Wörter mehr!

Lautierungsmethode mit Bewegungselementen
Eine weitere Möglichkeit zum Wörterlernen, in der man sich nach den Wortsilben in schwungvollen Schritten durch das Zimmer bewegt. Unter anderem wendet diese Methode der Realschullehrer und Legastheniespezialist Rainer Dürre an (Legasthenie, das Trainingsprogramm für Ihr Kind, Herder Verlag). Eltern und Lehrer bekommen in diesem Werk detailliert beschrieben, wie ein Trainingsprogramm durchgeführt werden kann: Im Mittelpunkt steht das silbierende Mitsprechen beim Schreiben, sodass die Kinder immer weniger Buchstaben auslassen oder verdrehen. Die dargestellten Übungen bauen aufeinander auf. Dürre gibt als Leitfaden für die Eltern ein konkretes Wortmaterial für mehrere Wochen vor. Bewe-

gungsfreudigen Kindern macht diese Methode großen Spaß und bringt auch Erfolge.

Arbeitsblätter aus dem Internet
Der deutschsprachige Markt zeigt ein erfreulich wachsendes Angebot an geeignetem Material, das teilweise sogar kostenlos unter www.wegerer.at (Grundschule) oder unter www.legasthenie-und-dyskalkulie.com aus dem Internet heruntergeladen werden kann.

Arbeitsbücher
Sehr empfehlenswert ist die von der erfahrenen Volksschullehrerin und Legasthenietrainerin Claudia Haider verfasste Serie „Kinder fördern leicht gemacht" (Klasse 1 bis 4, Verlag öbvhpt). Die einzelnen Wahrnehmungsbereiche werden in den ansprechend illustrierten Heften Stufe für Stufe erarbeitet, wobei jede Übungsseite mit einer kleinen Konzentrationsübung startet. Legasthenietrainer verwenden auch sehr gerne das Material von Ursula Lauster (Lentz Verlag). In lustiger und farbenprächtiger Art und Weise werden langweilige Rechtschreibübungen dem Kind näher gebracht. Frau Lauster macht sich durch die originellen Übungen die Tatsache zu nutze, dass die spielerische Weise das Kind vergessen lässt, dass es sich in einem Lernprozess befindet.

Wer Wie Was (Trialogo)
Bei diesem Grammatikübungsspiel können Bereiche gezielt ausgesucht werden: Substantive mit Artikel, Plural, Adjektive, Präpositionen, einstellige und zweistellige Verben. Als Abwechslung beim Üben sehr empfehlenswert.

Silbenralley (HABA)
Spielerisch erweitern Kinder ihren Wortschatz, üben die Silbenstruktur und die Rhythmik der Wörter.

Marburger Rechtschreibtraining (Winkler Verlag)
Dieses Rechtschreibprogramm wurde in einer zweijährigen Versuchsreihe im Rahmen eines Elterntrainings erprobt und verzeichnete eine deutliche Verbesserung der Rechtschreibleistung der Kinder.
Es ist liebevoll und bunt gestaltet und spricht so besonders jüngere Schüler bis etwa 11 Jahre an. Mit abwechslungsreichen und doch einprägsamen Übungen werden anhand von Rechtschreibregeln die orthografischen Grundsätze durchgearbeitet. Aufgebaut ist das Programm auf der Unterscheidung lang und kurz ausgesprochener Vokale, die gewisse orthografische Gesetzmäßigkeiten nach sich ziehen. Am Ende der Kapitel befindet sich ein Überprüfungstest. Erst wenn die Lerninhalte gefestigt sind, geht man zum nächsten Schritt über.
Kinder mit stark differenzierter auditiver Wahrnehmung tun sich aber erfahrungsgemäß in der „kurz – lang Unterscheidung" schwer. Daher muss bei diesen Kindern ein Training in diese Richtung dem Marburger Programm vorangehen.
Mit diesem Programm lassen sich zwar nicht alle Rechtschreibprobleme lösen, aber doch eine ganze Reihe von Fehlern ausmerzen. Alles in allem ein gelungenes, ansprechendes Programm, das Eltern gut zuhause mit ihren Kindern durchführen können.

Kieler Leseaufbau (Veris Verlag)
Mit diesem Training von Dummer-Smoch und Hackethal wurden gute Erfolge erzielt. Es handelt sich dabei um einen Leselehrgang, der in kleinsten Schritten von leichten zu schweren Übungen führt. Er teilt sich in 14 Stufen, die unterschiedlich lange bearbeitet werden (Gesamtdauer etwa 60 Stunden). Die Gebiete werden einzeln und isoliert bearbeitet. Die Autorinnen des Kieler Leseaufbautrainings haben das Programm aus ihrer langjährigen Praxiserfahrung entwickelt und sehr erfolgreich in der Legasthenietherapie und für Alphabetisierungskurse eingesetzt.

Positiv für legasthene Kinder sind die in den Grundstufen einfach strukturierten Wörter und das Abarbeiten von Symptomregeln in einer Reihenfolge (so werden etwa bis Stufe 11 lang ausgesprochene Vokale behandelt). Der Leseaufbau wird unterstützt durch den Einsatz von Lautgebärden und durch Lautieren (statt Buchstabieren). Zum Kieler Leseaufbau passend gibt es auch eine Übungs-CD: „Der große Karolus" (siehe Kapitel 12, Legasthenie und Computer).

Kieler Rechtschreibaufbau
Setzt den Kieler Leseaufbau fort und enthält eine Sammlung von 3000 Wörtern, die im Basisbereich nach Schwierigkeitsstufen und im orthografischen Bereich nach Rechtschreibproblemen geordnet sind. Für alle Schulformen geeignet.

Rechtschreibsprüche
Ergänzend zu Rechtschreibprogrammen helfen oft lustige Rechtschreibsprüche. Was noch vor einigen Jahren als hoffnungslos veraltet galt, kehrt heute wieder ins pädagogische Geheimköfferchen zurück. Viele legasthene Kinder lieben diese Sprüchlein. Außerdem fördern sie gleichzeitig das akustische Gedächtnis!

Selbstlaute sind a, e, i, o, u:

Fünf Kinder rufen laut mir zu:
Wir heißen A, E, I, O, U!

Selbstlaute (und auch Umlaute – ä,ö,ü) können kurz oder lang ausgesprochen werden. Dies beeinflusst die Schreibweise:
Grundsätzlich gilt: Wird der Selbstlaut **kurz** ausgesprochen, folgen **mindestens** zwei Mitlaute (z.B. Ba**nk**, Scha**tz**, Ga**ns**) oder auch ein Doppelmitlaut, wenn nur ein Mitlaut nach dem kurz gesprochenen Selbstlaut zu hören ist (fa**ll**en, Ka**mm**, kö**nn**en ...).

Wichtig: Das erklärt auch „Ausnahmen" wie z.B. „Gestalt" oder „alt": das „a" wird zwar kurz ausgesprochen, aber es folgt kein Doppelmitlaut (ll), allerdings zwei Mitlaute **l und t!**

Ist in einem Wort der Selbstlaut kurz und klein,
folgen mindestens zwei Mitlaute hinterdrein!

Vor einem Doppelmitlaut allemal
wird kurz gesprochen der Vokal!

Dies erklärt, dass manche Buchstaben **bestimmte Folgelaute** verlangen:
Hört man unmittelbar nach einem kurz gesprochenen Selbstlaut ein „z", schreibt man ein „tz" (z.B. Schatz, Katze, kratzen ...).

Nach kurzem a, e, i, o, u
schreib schnell tz dazu!

Hört man unmittelbar nach einem kurz gesprochenen Selbstlaut ein „k", schreibt man ein „ck" (z.B. Brücke, Stück ...).

Nach kurzem a, e, i, o, u
schreib schnell ck dazu!

Zusätzliche Regel:

Nach l, m, n, r, das merk dir ja,
kommt nie tz und nie ck!

Dehnungs- h oder „Stummes h": (im Gegensatz zum „Stimmhaften h" wie z. B. Krähe, spähen)

a) Wörter, die mit qu, sch, sp oder t beginnen, schreibt man ohne Dehnungs-h:

*Beginnt das Wort mit qu, sch, sp oder t,
ich niemals ein Dehnungs-h seh!*

b) Die Nachsilben -sam, -tum, -bar und -sal schreibt man ohne Dehnungs-h, auch wenn sie lang ausgesprochen werden! (z. B. Eigentum, Trübsal, brauchbar, Scheusal)

*-sam, -bar, -tum und -sal,
ohne „h" in jedem Fall!*

c) Noch einige Merksprüche zum Dehnungs-h:

*Eines ist mir sonnenklar
Dame und dämlich
Name und nämlich
Schreib ich ohne Dehnungs-h!*

*Schreibst du „ehrlich" ohne h,
ist die Note in Gefahr!*

d) Dehnungs-h nach lang gesprochenem „i": ihm, ihr(e), ihn(en)

*Dehnungs-h nach langem „i",
steht im Pronomen – und sonst nie!*

Zwielaute au, ei, eu:

Nach au, ei, eu – ich mit dir wett,
musst immer schreiben nur ein z!

Nimm die Regel mit ins Bett:
Nach ei, au, eu steht nie tz!

Liebes Kind, merk dir's genau:
Schreib z und k nach ei, eu, au!

Nach einem Zwielaut fehlt der Schwung,
darum gibt es keine Verdoppelung!

ie bzw i:

„Niemand" und „niemals"
lieben das ie,
doch „widerlich" und „widersprechen"
mögen es nie!

Scharfes ß, ss oder s:

Scharfes „ß" nach langem Laut,
ist uns Kindern jetzt vertraut.

Dein ganzes Leben nicht vergess',
nach Zwielaut steht ein scharfes ß!

Klingt der Selbstlaut kurz und klein
folgt ein Doppel-ss hinterdrein!

Langes a, e, i, o, u mit einem weichen „s" dazu,
braucht nur ein „s", das ist der Clou!

„a", „ä" oder „e":

Dieser Mann macht ein Gedicht.
Gar so schwierig ist es nicht!
Sträucher kommt von Strauch,
Bäuche kommt von Bauch,
Häute kommt von Haut,
läuten kommt von laut,
Kräutchen kommt von Kraut,
Bräutchen kommt von Braut,
Bäume kommt von Baum,
Säume kommt von Saum,
Mäuse kommt von Maus
Und das Gedicht ist aus!

Vorsilben mit v:

Vor- und ver-, sei doch schlau,
schreibt man stets mit Vogel v!

d/t, b/p oder g/k

Heraushören des richtigen Lautes (d/t; b/p; g/k) am Wortende: Ein Trick, um den Laut besser unterscheiden zu können, ist die Verlängerung des Wortes (z.B. Mut – mutig; Schrank – Schränke, Stab – Stäbe ...).

Verlängere das Wort, dann wird dir bewusst,
ob du d (g, b) oder t (k, p) schreiben musst!

Hauptwörter / Namenwörter / Substantive:

Sei gescheit und merk dir bloß,
Namenwörter schreibt man groß!

Die Silben -chen und -lein
machen große Dinge klein.
Doch man schreibt sie trotzdem groß,
denn kleine Dinge sind famos!

-heit, -keit, -schaft, -tum, -sal, -ung und -nis,
bestimmen das Hauptwort ganz gewiss!
(z. B. gesund – Gesundheit, ewig – Ewigkeit)

-heit und -keit und -ung und -schaft,
-tum und -nis und -chen und -lein,
schreibt man groß und niemals klein!

Das hauptwörtlich gebrauchte Eigenschaftswort:

nichts → wenig → etwas → mehr → viel → alles
Eigenschaftswörter werden groß – jeden Falles!
(z. B. nichts Gutes, wenig Schlechtes, etwas Schönes)

Das hauptwörtlich gebrauchte Zeitwort:

Nach „das, zum, vom, beim",
ist immer ein Hauptwort daheim.
(z. B. das Essen, zum Lesen, beim Lernen)

Ähnlich klingende Laute (x, chs, ks):

*Die Hexe boxt das arme Kind,
die Nixe holt die Axt geschwind.*

*Wir backen Keks, so lauf doch schneller,
der Koks liegt links im Kohlenkeller.*

*Auf der Spindel hängt der Flachs,
in dem Flusse lebt der Lachs,
in den Wäldern haust der Dachs,
Kerzen sind zumeist aus Wachs.
Jedes Auto hat zwei Achsen,
jeder Zwerg ist klein gewachsen,
runde Kugeln muss man drechseln,
alte Kleider muss man wechseln.*

*Sechs Ochsen hingen an der Deichsel,
sie zogen eine Fuhre Weichseln,
ferner eine große Büchse,
voll von schwarzer Stiefelwichse.*

*Schlau und listig ist der Fuchs,
schlank und kräftig ist sein Wuchs.*

*Keinen Reim weiß ich auf „Achsel",
der Nächste bitte!
Euer Maxel*

das / dass:

Das s bei „das" muss einfach bleiben,
kannst du dafür „dieses" oder „welches" schreiben!

Vorwörter, die den dritten Fall (Dativ) verlangen:

an, auf, hinter, in,
anders hat es keinen Sinn,
über, unter, vor und zwischen,
nicht nur einmal drüber wischen.

„Aus", „bei", „mit", „nach", „seit", „von", „zu",
gehört immer der DATIV dazu!

Vorwörter, die den 4. Fall (Akkusativ) verlangen:

Nach „bis", „um", „für", „durch", „ohne", „gegen",
ist immer der Akkusativ zugegen!

Beistrichregel:

Niemals steht das Wort „weil" allein,
es muss ein Beistrich in der Nähe sein!

Versuchen Sie mit Ihrem Kind orthografische Gesetzmäßigkeiten zu entdecken und dichten sie eigene Sprüche! Diese wird das Kind nicht so schnell vergessen!

FAZIT

Das Symptomtraining, das Üben an den Fehlern, ist für das legasthene Kind und dessen Eltern der anstrengendste und mühsamste Teil des Legasthenietrainings. Mit abwechslungsreichen Methoden lässt sich auch das Üben an den Fehlerwörtern annehmbar gestalten. Nicht jede Methode passt für jedes Kind. Suchen Sie nach individuellen Lernwegen für Ihr Kind!

9. SPIELE FÜR LEGASTHENE KINDER

Eltern und Pädagogen sind immer auf der Suche nach sinnvollem Spielzeug. Gerade bei legasthenen Kindern, die durch gezielte Fördermaßnahmen viel mehr üben müssen als andere Kinder, stellt der Einsatz von Spielen beim Training ihrer Teilleistungsschwächen eine willkommene Abwechslung dar.

Dies gilt sowohl für die Förderstunden als auch für den Familienverband. Das **gemeinsame Spielen** mit Eltern und Geschwistern ist für das legasthene Kind pädagogisch besonders wertvoll. Bei den Spielen muss es sich keineswegs um spezielle, oftmals teure Lernspiele handeln. Viele der am Markt angebotenen Gesellschaftsspiele eignen sich hervorragend für das Trainieren der jeweiligen Teilleistungsschwäche.
In diesem Kapitel sind verschiedene Spiele nach ihrer Einsatzmöglichkeit im Teilleistungsbereichtraining aufgelistet.

Eine dringende Bitte an die Spielpartner des legasthenen Kindes lautet: Auch wenn die meisten Spiele Gewinn orientiert sind, sollte die **Spielfreude vor der Ehre des Siegens** stehen. Gerade legasthene Kinder sind in der Schule ständigem Leistungsdruck ausgesetzt und werden in ihren Aufgaben oftmals negativ beurteilt. In ihrer Freizeit sollten Betroffene diesem Druck nicht ausgesetzt sein und Freude und Entspannung beim Spiel finden. Nebenbei werden auf spielerische Weise ihre Teilleistungsschwächen trainiert. Aus diesem Grund ist dem spielerischen Trainingsteil ein angemessener Zeitrahmen einzuräumen.
Auch das Symptomtraining kann durch den Einsatz von Spielen unterstützt werden.

Spiele zur Förderung von Teilleistungsschwächen im OPTISCHEN Bereich

OD Optische Differenzierung
OG Optisches Gedächtnis
OS Optische Serialität

Memory (verschiedene Anbieter) OG
Ist in vielen Varianten erhältlich (Bild-, Formen-, Buchstaben- oder Wortmemory). Sehr empfehlenswert: „Remember" (Keppler & Fremer, www.remeber-products.de).

Sockenzocken (HABA) OD
Dieses Spiel macht sich in origineller Weise das Sockenverlustphänomen in den meisten Haushalten zunutze. Die Spieler müssen aus einem Haufen bunter, gestreifter Socken die richtigen Paare finden. Besonders von jüngeren Kindern ein absolutes Lieblingsspiel.

Bionik (Ravensburger) OG
Für ältere legasthene Kinder geeignet (etwa ab 9 Jahren). Bei diesem Spiel sollen Kartenpaare gefunden werden, die sinngemäß zusammenpassen: Ein Phämomen aus der Natur wurde als Grundlage für eine technische Erfindung genomen, z.B. Glühwürmchen und Glühlampe. Dieses Spiel fördert in kurzweiliger Art auch die Konzentration und das logische Denken.

Differix (Ravensburger) OD
Kleine Unterschiede in Bildern sollen gefunden werden. Eine andere Variante davon ist „Schau genau" (Ravensburger).

Murmelmonster (Ravensburger) OD

Viele bunte Monsterkärtchen werden am Tisch aufgelegt. Auf den Monsterbäuchen befinden sich farbige Punkte, die jeweils unterschiedliche Anordnungen haben. Mittels eines transparenten Würfelbechers werden farbige Kugeln durcheinander geschüttelt. Nun soll das Kind das passende Kärtchen mit der gleichen Farbanordnung finden.

Gleich und Ungleich (Piatnik) OD

Ist bereits für jüngere Kinder geeignet (ab 4 Jahren), kann daher in der Frühförderung eingesetzt werden. Ziel des Spieles ist es, gleiche Anordnungen zu erkennen.

Varianta (Ravensburger) OD OS

Ist wie Differix, aber mit geometrischen Figuren, besonders geeignet für ältere Kinder (ab 9 Jahren).

Kombi Fix (Bookmark Verlag) OD OS

Nettes Reaktionsspiel mit bunten Bildern und Würfeln. Es gilt, eine erwürfelte Farb-Bildkombination aus mehreren Bildern herauszufinden. Stellt für viele legasthene Kinder eine große Herausforderung dar. Kann sowohl im Wettbewerb als auch alleine gespielt werden (ab 5 Jahren). Eine Variante davon ist „Figurix" (Ravensburger).

Tangram (verschiedene Anbieter) OD OS

Chinesisches Puzzle, besteht aus 7 Teilen (Quadrat in verschiedene geometrische Formen zerlegt), nach Vorlagen können unzählige verschiedene Formen nachgelegt werden. In der schwierigeren (eigentlichen) Variante sollen Figuren ohne Auflösung nachgelegt werden. Ein Spiel mit vielen Varianten, es können sogar Buchstaben und Zahlen mit den Tangramsteinen gelegt werden. Dieses alte chinesische Spiel ist ein Klassiker unter den Legastheniespielen.

Mighty Mind (Leisure Learning Products Inc.)   OD OS
Buntes Legespiel mit verschiedenen Schwierigkeitsstufen. Die einfachere Version ist bereits für Schulanfänger gut spielbar. Kann auch alleine gespielt werden. Fördert die Konzentration und die Raumwahrnehmung.

Logeo (Huch Verlag)   OD OS
Ein Spiel für ältere Kinder (etwa ab 9 Jahren). Neun geometrische Formen (Kreis, Quadrat und Dreieck in 3 verschiedenen Farben) sollen nach einem vorgegebenen Plan aufgelegt werden. Dieses Spiel fördert neben den bereits angeführten Teilleistungsbereichen auch die Aufmerksamkeit und das logische Denken.

Master Mind (verschiedene Anbieter)   OG OS
Spielklassiker, etwa ab 9 Jahren. Kann in verschiedenen Schwierigkeitsvarianten gespielt werden. Es gilt eine vom Gegner vorgegebene (aber nicht sichtbare) Farbanordnung durch logische Schlüsse zu erraten. Gibt es auch in praktischer Taschenversion für unterwegs.

Kunterbunt (Amigo)   OD
Ist ein kleines Kartenspiel mit großem Trainingseffekt. Auf den Karten dieses Spieles befinden sich verschiedene Gegenstände. In der Form sind alle gleich, allerdings unterscheiden sich die Gegenstände in der Farbanordnung. Wenn man beliebige zwei Karten nebeneinander auflegt, ist jeweils ein Gegenstand ident. Diesen gilt es zu finden. Nett aufbereitet und empfehlenswert.

Merkmal (Amigo)   OG
Bildkarten werden aufgelegt. Das Kind hat eine Minute Zeit, die Karten zu betrachten. Während sich das Kind die Augen verdeckt, werden von einem Erwachsenen eine oder mehrere Karten umgedreht. Das Kind soll nun die gewendeten Bilder nennen. Ein abwechslungsreiches, aber nicht ganz einfaches Spiel zur Förderung des Optischen Gedächtnisses.

Nanu? (Ravensburger)
Für jüngere und ältere Kinder geeignet (4 bis 12 Jahre), aber auch für Erwachsene eine Herausforderung. Ähnliches Prinzip wie „Merkmal": abgedeckte Kärtchen sollen aus dem Gedächtnis wieder gefunden werden. Kurzweiliges Spiel mit hohem Trainingseffekt.

Wo ist die Kokosnuss? (Amigo) OG OS
Dieses Spiel erfordert ein hohes Maß an Konzentration. Für legasthene Kinder ist es in einer etwas abgeänderten Form verwendbar. Jede Bildkarte kommt doppelt vor. Eine Bildserie wird offen auf den Tisch gelegt. Die andere Bildserie nimmt der Erwachsene in die Hand und legt eine Karte – für das Kind ist nicht ersichtlich welche – aus dem Stapel ab. Nun nimmt der Erwachsene die oberste Karte des Stapels, legt sie kurz offen auf den Tisch, blättert die nächste Karte darüber usw. Das Kind muss beim Durchblättern der Karten erkennen, welche Karte fehlt. Dieses Spiel ist ein gutes Training, aber nicht ganz leicht.

Mega Meal (Ravensburger)
Es gilt, sich Bestellungen im Fastfoodrestaurant zu merken. Wie viele Colas, Burgers, Salate und Eiscremen sind in welcher Reihenfolge bestellt worden? Lustiges Gedächtnisspiel für größere Kinder.

Kaufrausch (Ravensburger)
Beim Ausverkauf gilt es, vorgegebene Kaufwünsche aus einem Wühlberg an Dingen herauszufinden. Wer schafft es als erstes, Gewand in der passenden Größe aus einem Wühltisch herauszusuchen? Dieses Spiel macht vor allem Mädchen ab 9 Jahren großen Spaß!

Rush Hour (HCM Kinzel) OS
Dieses verrückte Stau-Puzzle ist ein absolutes Lieblingsspiel der männlichen Trainingskinder und ihrer Väter! Das Spielfeld ist dreidimensional und besteht aus vielen kleinen Plastikautos, die im Spielrahmen

nach Kartenvorgabe angeordnet werden müssen. Nun gilt es, das kleine rote Auto durch Verschieben der anderen Autos aus dem Stoßzeitstau zu befreien. Das ist gar nicht so leicht, macht aber großen Spaß! Sehr empfehlenswert (ab 8 Jahren)!

Zoom-in (Jumbo) OD

Ein Suchspiel für Kinder ab 9 Jahren in verschiedenen Schwierigkeitsstufen. Es gilt, ein Symbol aus einem Wirrwarr an Symbolen herauszufinden. Zoom-in sollte mit legasthenen Kindern erst nach einer angemessenen Zeit des Legasthenietrainings gespielt werden. Bitte ohne Zeituhr spielen und dem Kind ausreichend Zeit zum Finden der Symbole einräumen!

Formino (intelli) OD OS

Ein einfaches, aber sehr beliebtes Spiel, das nebenbei das logische Denken fördert. Vorgegebene Figuren müssen mit Fantasie und Geschick nachgestellt werden.

Kuddel Muschel (Ravensburger) OG OS

Spielerisch wird nach Muscheln „gegraben". Sieger ist, wer sich gemerkt hat, wo die noch erforderlichen Muscheln versteckt sind. Ein nettes Spiel zur Förderung des Optischen Gedächtnisses.

Coco Crazy (Ravensburger) OG OS

In Plastikkokosnüssen befinden sich bunte Äffchen. In jeder Spielrunde wechseln die Kokosnüsse ihre Plätze. Wer findet zuerst je ein Äffchen in jeder Farbe?

Schneckenschmaus (HABA) OG

Gelbe Schnecken ziehen ihre Bahnen. Jeder Mitspieler muss sich merken, welche Schnecke ihm gehört, denn sie unterscheiden sich nur durch die Farbpunkte an der Unterseite! Empfehlenswertes Gedächtnisspiel mit einfacherer Variante für jüngere Kinder.

Das verrückte Labyrinth (Ravensburger) OS
Auf Kärtchen abgebildete Gegenstände müssen mit dem Spielstein erreicht werden. Doch das ist nicht so leicht, weil sie in einem verrückten Labyrinth verborgen liegen. Erst durch Verschieben der Kärtchen gelangt man zum Ziel. Ein tolles Strategiespiel.

Bunt Herum (Amigo) OS
Jeder Spieler will seine Karten als Erster loswerden und an eine der sechs Reihen am Spielplan anlegen. In jeder Reihe dürfen eine Farbe und ein Gegenstand nur einmal vorkommen. Sehr gutes Spiel zur Förderung der Serialität!

Solche Strolche (Amigo) OS
Bauer Klaus hat viele bunte Tiere. Immer wieder verschwindet eines! Welches fehlt? Besonders geeignet für das Alter von 6 bis 10 Jahren! Aber auch Erwachsene haben oftmals ihre liebe Mühe mit diesem Spiel!

Vier gewinnt (verschiedene Anbieter) OS
Vier Plättchen sollen in einer Reihe (vertikal, horizontal, diagonal) abgelegt werden. Wer dies als Erster schafft, hat gewonnen. Dieses klassische Strategiespiel kann man auch einfach mit Papier und Bleistift spielen.

Set (Ravensburger) OS
Eines der besten Legasthenietrainingsspiele zur Förderung der Optischen Serialität. Gewisse Farb- und Musterkombinationen ergeben ein Set. Diese müssen aus den Karten herausgefunden werden. Im Einzeltraining und im Gruppenspiel verwendbar. In meiner Praxis ist Set das absolute Lieblingsspiel!

Farbsortierbrett (verschiedene Anbieter) OS
Farbperlen sind nach vorgegebenen Farbmustern zu verschieben. Gerade für jüngere legasthene Kinder mit Teilleistungsschwäche in

der optischen Serialität ein nettes Holzspiel (einer der Anbieter ist Toys pure).

Toggo-Kaos (Joker AG) OS

Dieses Spiel ist sehr bekannt. Farbkugeln sollen in dreidimensionalen Behältern nach Farben sortiert werden.

Super Wizard (V Tech) OS

Ein sehr beliebtes technisches Spielzeug. Verschiedene Farben leuchten in einer bestimmten Reihenfolge auf und sollen vom Kind wiedergegeben werden. Dieses Spiel gibt es in unterschiedlich großen Geräten auch mit dem Namen „Simon" (Hasbro) und „Blitz Quiz" (Joker AG). Bei den verschiedenen Spielgeräten gibt es auch zusätzliche Anwendungsmöglichkeiten. Zur Abwechslung sind diese technischen Geräte gut geeignet. Eine Anschaffung für Zuhause ist aber nicht unbedingt notwendig. Legasthenietrainer verborgen diese Geräte oft.

Gegenstandskim OG OS

Dieses Knobel- und Gedächtnisspiel ist leicht selber herzustellen. Geben Sie auf ein Tablett verschiedene Gegenstände (wie etwa Kaffeelöffel, Taschenmesser, Bleistift, Kerze …). Das Kind betrachtet die Sachen eine Minute lang. Dann wird ein Tuch über das Tablett gebreitet und das Kind versucht aus dem Gedächtnis die Gegenstände wiederzugeben. Während sich das Kind die Augen zuhält, entfernen Sie zwei oder drei Gegenstände. Das Kind soll beim Betrachten des Tabletts erkennen, welche Gegenstände fehlen. Eine Schwierigkeitsvariante ist, dass neben dem Entfernen einiger Gegenstände auch einige Dinge an einen anderen Platz gelegt werden. Die meisten Kinder spielen es sehr gerne!

Spiele zur Förderung von Teilleistungsschwächen im AKUSTISCHEN Bereich

Zu diesem Teilleistungsbereich gibt es weitaus weniger Spiele im Handel als zum optischen Förderbereich. Doch können einige dieser Spiele leicht selber hergestellt werden. Elektronische Spielideen gibt es für die akustische Förderung dafür in größerer Anzahl. Leider sind diese Spielgeräte, die teilweise bereits therapeutisch eingesetzt werden, meist ziemlich teuer in der Anschaffung. Ob sich diese Investition tatsächlich lohnt, liegt im Ermessen der Eltern bzw. des Legastheniebetreuers.

AD   Akustische Differenzierung
AG   Akustisches Gedächtnis
AS   Akustische Serialität

Detektiv Horch (Piatnik)   AD

Für legasthene Kinder ein tolles Spiel, dessen Anschaffung sich lohnt. Die lustigen Kärtchen kann man für die verschiedensten Spiele gut verwenden. Für legasthene Kinder ist folgende Spielvariante die geeignetste: Das Kind bekommt zunächst zwölf (später auf 18 bis 20 steigern) Bildkarten offen vor sich auf den Tisch gelegt. Ein Erwachsener nimmt den Lautstapel in die Hand, zieht die oberste Karte und liest den Buchstaben laut vor. Das Kind soll nun auf jene Bilder zeigen, in deren Wörtern dieser Laut/Buchstabe vorkommt und das Wort deutlich aussprechen. Hat das Kind richtig entschieden, darf es die betreffende Karte umdrehen. Dann liest der Erwachsene den nächsten Laut vor usw. Das Spiel ist beendet, wenn alle Karten gewendet sind.

Geräuschmemory (verschiedene Anbieter)   AD AG

Kann auch leicht selber hergestellt werden: Man benötigt dafür zwanzig gleiche Döschen (z.B. Filmdöschen oder Überraschungseierkapseln). Je zwei dieser Behälter werden mit dem gleichen Inhalt gefüllt (Reiskörner, Münze, Büroklammer, Nagel, kleines Glöckchen, Kieselstein, Glasmurmel, getrocknete Bohne, Perle, Heftklammer …). Nun werden die Döschen geschlossen und gemischt. Die kleinen Behälter werden wie Kärtchen beim Memoryspiel regelmäßig am Tisch aufgestellt. Reihum nimmt nun hintereinander je ein Mitspieler zwei Döschen in die Hand und schüttelt sie. Klingt der Inhalt gleich, darf sich der Spieler die Döschen behalten. Nun ist der nächste Spieler an der Reihe. Nimmt er zwei verschiedene Behälter, ist der nächste an der Reihe. Das Spiel ist beendet, wenn alle Behälter ein Paar gebildet haben. Der Mitspieler mit den meisten Geräuschmemorypaaren hat gewonnen.

Hör genau (Piatnik) AD
Ist ein gutes Spiel zur akustischen Lautisolierung.

So fängt es an (Piatnik) AD
Bei diesem Spiel werden harte und weiche Konsonanten akustisch unterschieden. Die Aufmachung des Spieles ist ansprechend.

Wörterzüge (Piatnik) AD AS
Jede der Spielkarten zeigt zwei Abbildungen (z.B. Rose und Krokodil). Die Karten sollen von den Spielern so aneinander gereiht werden, dass der Endlaut der Abbildung einer Karte derselbe ist, wie der Anfangslaut der nächsten: z.B. IGEL – LINEAL oder FISCH – SCHMETTERLING. Neben der Akustik wird hier der Wort-Bild-Zusammenhang gefördert.
Dieses Spiel kann auch ohne Spielvorlage gespielt werden. Ein Mitspieler denkt sich ein Wort aus, der nächste bildet mit dessen letztem Buchstaben ein nächstes Wort usw., bis eine Wortkette entstanden ist!

Tabu (Hasbro) AG AS
Bei diesem lustigen Spiel geht es darum, ein Wort zu erklären, ohne gewisse Begriffe zu verwenden. In der Erstvariante ist bei legasthenen Kindern zu empfehlen, dass das Wort genau mit diesen Wörtern be-

schrieben werden muss. Eine gute Übung, sich verbal auszudrücken und sich auch gleichzeitig gewisse Wörter zu merken!

Stadt, Land (verschiedene Anbieter) AD AG AS

Dieses klassische Spiel lässt sich mit Papier und Bleistift überall spielen. Es gibt im Papierhandel auch verschiedene Spielvorlagen in lustigem Design. Dies ist nicht unbedingt nötig, aber zur Abwechslung empfehlenswert. Jeder Mitspieler hat einen Zettel vor sich liegen mit fünf Spalten, die in die Rubriken Stadt, Land, Essen, Tier, Farbe eingeteilt sind. Ein Spieler zählt leise das Alphabet durch, ein anderer sagt „Stopp". Nun nennt der Spieler den Buchstaben, den er gerade aufgezählt hat und sogleich beginnen alle Mitspieler, je einen Begriff mit diesem Anfangsbuchstaben in eine Spalte zu schreiben. Wer alle Begriffe gefunden hat, ist Sieger. Allerdings empfehle ich bei legasthenen Kindern einfach aus Spaß zu spielen und zu warten, bis alle fertig sind bzw. sich gegenseitig zu helfen.

Alles, was Flügel hat, fliegt AD

Dieses alte Spiel ist denkbar einfach und erfordert doch höchste Konzentration und aufmerksame Ohren. Alle Mitspieler sitzen im Kreis und haben jeweils ihre beiden Zeigefinger auf der Tischplatte. Der Spielleiter sagt: „Alles, was Flügel hat, fliegt. Der Vogel fliegt!" Nun hebt er beide Arme in die Höhe und alle Mitspieler mit ihm. Dann sagt er etwa „Das Flugzeug fliegt!" Wieder heben alle die Arme. Wenn er aber sagt „Der Baum fliegt!" dürfen die Mitspieler nicht die Hände von der Tischplatte nehmen, denn ein Baum kann nicht fliegen! Wer dennoch die Hände hebt, bekommt einen Minuspunkt.

Rhythmikspiel AD AS

Der Erwachsene klatscht in verschiedenen Intervallen (z.B. kurz – lang – lang – kurz – kurz). Das Kind klatscht den Rhythmus nach. Ein einfaches Spiel, das an jedem Ort einfach durchgeführt werden kann und dennoch effektiv ist. Das Kind lernt, zuzuhören und Gehörtes wiederzugeben.

Glockenspiel AD
Viele Familien haben für die musikalische Frühförderung ein Glockenspiel. Für das Training der akustischen Differenzierung (hoher-tiefer Ton) werden Töne angeschlagen. Das Kind soll erkennen, welcher Ton höher, welcher tiefer war. Dies kann auch mit mehreren Tönen bzw. Tonfolgen trainiert werden.
Dieses Spiel kann man auch mit langsam und schnell gesprochenen Wörtern, mit geflüsterten oder lauter ausgesprochenen Wörtern durchführen.

Ohren auf (Amigo) AD AG
Bei diesem Hörmemory sollen Karten nach Tierlauten wieder gefunden werden. Ein sehr lustiges Spiel, besonders für jüngere legasthene Kinder. Älteren ist das Geräuschemachen manchmal etwas peinlich!

Sprich genau, hör genau (Ravensburger) AD
Mit diesem Spiel wird das Kind in seiner sprachlichen Entwicklung gefördert. Enthalten sind Wort- und Sprachspiele mit Reimwörtern und ähnlich klingenden Wörtern.

Wort fix (Ravensburger) AD AS
Es müssen blitzschnell zusammengesetzte Wörter mit vorgegebenen Buchstaben gebildet werden.

Viele Dinge (Adlung) AD AG
Viele Bildkarten liegen auf dem Tisch. Ein Buchstabe wird aufgedeckt, und sofort suchen alle nach Begriffen auf den Karten. Dabei dürfen auch Dinge genannt werden, die nicht direkt zu sehen sind, aber zum Thema passen. Doch man muss schnell sein, bevor ein anderer zugreift. Wem fallen die meisten Dinge ein? Ein lustiges Spiel, das auch gut für Kinder geeignet ist, die Schwierigkeiten im Ausdruck haben.

Ratz-Fatz (HABA) AD AG AS
Ein sehr hübsch aufbereitetes Holzspiel. Im Begleitheft sind Geschichten, Gedichte und Rätsel enthalten, die dem Kind vorgelesen werden. Während das Kind zuhört, nimmt es gehörte Begriffe, die in Holzfiguren im Spiel enthalten sind, in die Hand.
Gut geeignet, um Kinder anzuregen, sich selber Geschichten und Rätsel auszudenken. Ein Spiel, das die Kreativität anregt und die Konzentration fördert.

Erzähl mir was (Piatnik) AG
Anhand von Bildkärtchen sollen Geschichten erzählt werden.

Lustiger Laubfrosch (Lingoplay) AD
Karten sollen nach An- bzw. Endlaut aneinander gereiht werden.

L wie Löwe (Lingoplay) AD
Ein Ablegespiel zur Anlauterkennung. Ab 6 Jahre.

Vokalo (Lingoplay) AD
Bei diesem Kartenspiel geht es um die akustische Differenzierung von Vokalen in verschiedenen Wörtern.

Spiele zum Training der Raumwahrnehmung

Geomag
Die bunten Magnetstäbe werden mit Magnetkugeln zu vorgegebenen dreidimensionalen Formen zusammengesetzt. Sehr gute Übung zur Förderung der Raumwahrnehmung, macht auch besonders älteren Kindern Freude.

Lego, Duplo, Holzbausteine
Mit den Steinen werden zweidimensionale Figuren aufgelegt, die vom

Kind gespiegelt oder um 90 Grad gedreht aufgelegt werden müssen. Eine endlose Möglichkeit, die Raumvorstellung zu trainieren.

Toggo-Kaos (Joker AG)
Farbkugeln werden in dreidimensionalen Behältern nach Farben sortiert.

Cubic's Würfel
Der Hit der Achtzigerjahre befindet sich in fast allen Haushalten. Auch er ist ein gutes Training für ältere Schüler. Auf diesem Prinzip aufgebaut, gibt es von den unterschiedlichsten Anbietern dreidimensionale Holzsteckpuzzle.

Leuchtturm (HABA)
Nach einem nicht ganz einfachen Schema soll ein Leuchtturm zusammengebaut worden. Von dieser Firma gibt es mehrere ähnlich konstruierte, empfehlenswerte, dreidimensionale Puzzles.

Schubix (Schubi)
Dreierdomino, auch im Optiktraining einsetzbar.

easyTip (Jakobs)
Farbige Kugeln sollen nach einem vorgegebenen Muster mit dem Zeigefinger in die richtige Position gestupst werden. Dieses Spiel fördert auch die Fingerfertigkeit und Konzentration. Alleine oder im Wettbewerb zu spielen.

Spielesortiment
Ein empfehlenswertes Spielesortiment zur Raum-Lage-Wahrnehmung findet man bei „Der kleine Verlag, der mit dem roten Faden" (www.der-kleine-verlag.de).

Mini Baumeisterspiel (Logika)
Acht verschieden gestaltete Bausteine, die aus mehreren Einzelwürfeln bestehen, werden auf einer Grundplatte zu den unterschiedlichsten Formen zusammengebaut. Hierzu gibt es ein 60-seitiges Anleitungsheft mit etwa 100 verschiedenen Baukörpern. Dieses vielfältige Spiel schult das räumliche Wahrnehmungsvermögen und die Aufmerksamkeit bzw. Konzentration.

Spiele zum Training des Körperschemas

Twister (Hasbro)
Ein riesiges Spielfeld wird am Boden ausgebreitet. Der Spielleiter ruft Anweisungen wie „linke Hand aufs rote Feld, rechter Fuß aufs linke blaue" etc. Dieses heitere Spiel hilft beim Erlernen von rechts und links!

Rinks Lechts (Amigo)
Dieses Spiel hilft auf lustige Art und Weise, rechts und links unterscheiden zu lernen. Mithilfe von fröhlichen PolizistInnen heißt es, die vierte Karte von links und die zweite von rechts zu finden. Dabei gibt es garantiert viel Gelächter. Auch so mancher Erwachsene muss eingestehen, dass er so seine Probleme mit dem Körperschema hat! Ein wirklich ausgezeichnetes Spiel für legasthene Kinder. Den Lacherfolg haben Sie bereits beim Kauf dieses Spieles auf Ihrer Seite, weil alleine der Zungenbrechertitel dieses Spieles für Heiterkeit sorgt.

Spiele zur Förderung der Aufmerksamkeit, Konzentration und Geschicklichkeit

Confusion (Ravensburger)
Ein witziges Konzentrationsspiel, das nebenbei auch die optischen und akustischen Teilleistungsbereiche fördert. Bei diesem konfusen Reak-

tionsspiel kommt auch das Lachen nicht zu kurz! Und das alleine hat bekanntlich schon therapeutische Wirkung!

Plumpsack (Amigo)
Diesem Spiel liegt das alte Kinderlied vom herumgehenden Plumpsack zugrunde. Jedes Mal, wenn der Plumpsack vor einer verdeckten Karte stehen bleibt, müssen die Spieler raten, welcher Gegenstand auf ihr abgebildet ist. Ständig kommen neue Gegenstände hinzu und bringen alles durcheinander. Dieses kostengünstige Kartenspiel fördert auch das optische Gedächtnis und die optische Serialität!

Balanceschnecken, Balanceachter
Am Markt werden verschiedene Koordinationsspiele angeboten. Entweder sind sie stehend zu spielen, also für die Beinkoordination, oder als Handlabyrinth. Eine gute Auflockerung nach dem langen Sitzen im Training!

Tempelhüpfen
Dieses alte Kinderspiel kann im Freien mit aufgemaltem Spielfeld durchgeführt oder auf angebotenen Spielteppichen gespielt werden. Auf jeden Fall macht das Hüpfen Spaß. Durch die aufgemalten Zahlen kann es auch im Dyskalkulietraining (Rechenübungen) verwendet werden.

Balancespiele
Auch hier gibt es verschiedene Spiele, etwa „Pack den Esel" (Ravensburger) oder „Balancerobben". Es gilt, möglichst viele Holzscheiben oder Stäbe auf einem Gegenstand aufzustapeln, ohne dass alles in sich zusammenfällt.

Bottle (Parker)
Das ist ein sehr nettes, hübsch ausgearbeitetes Balancespiel mit einer Holzflasche und Scheiben. Gefällt den Kindern sehr gut.

Speed (Adlung)
Dieses handliche Kartenspiel passt in jede Hand- bzw. Hosentasche. Es kann immer und überall gespielt werden und fördert die Konzentration, aber auch die optische Differenzierung und die Serialität in ausgezeichneter Weise. Zwei Spieler versuchen so schnell wie möglich und wild durcheinander, alle ihre Karten auf den drei dafür vorgesehenen Kartenstapeln abzulegen. Hierbei müssen Motiv, Farbe und Menge berücksichtigt werden.
Manchen legasthenen Kindern mit großen Problemen im optischen Bereich ist das Spiel in dieser Form zu hektisch, aber sie spielen es gerne, wenn vereinbart wird, dass beide Mitspieler abwechselnd ihre Karten ohne Zeitdruck auf die richtigen Stapel ablegen.
Ein sehr empfehlenswertes Spiel, um zwischen den Aufgaben etwas zu entspannen und trotzdem mit den Gedanken bei der Sache zu bleiben. Meines Erachtens ein „Muss" für jedes legasthene Kind.

Blinde Kuh (Ravensburger)
Mit zugebundenen Augen soll das Kind Gegenstände ertasten. Fördert neben der Aufmerksamkeit auch den taktilen Bereich.

Tastmemory (verschiedene Anbieter)
Aus einem Sack voller Gegenstände, Formen oder mit verschiedenen Oberflächenmaterialien überzogenen Steinen sollen Paare herausgefunden werden. Geschickte Bastler können ein Tastmemory auch selber herstellen.

Eiger Nordwand (Bartl)
Ein stehendes Holzbrett hat einige kreisrunde Ausschnitte, an zwei Seilen wird ein Holzring, in den man eine Metallkugel legt, hochgezogen. Man muss versuchen, den Holzring ohne Verlust der Kugel an den Löchern vorbeizumanövrieren.

Buzz off
An einer Metallschlinge soll ein Metallstab vorbeigezogen werden, ohne diese zu berühren. Passiert dies, gibt das Batterie betriebene Gerät einen schrillen Ton von sich.

Sudoku
Sudoku ist das aus dem asiatischen Raum nach Europa eingeführte Zahlenrätsel. Das Prinzip ist einfach: Gelöst ist das Spiel, wenn jede Zahl von 1 bis 9 nur einmal in einer Reihe und in einem der vorgegebenen neun Quadrate vorkommt. Es gibt – für legasthene Kinder empfehlenswert – eigene „Kinderausgaben" auch als Magnetspiele. Mittlerweile ist das Sudoku-Spiel bereits als kleiner Taschencomputer erhältlich. Dies ist eine Alternative zum Gameboy und gleichzeitig ein gutes, abwechslungsreiches Trainingsgerät für leserechtschreibschwache Kinder.

Topminos (Hasbro)
Das ist ein schnelles und raffiniertes Tüftelspiel. Die Spieler legen reihum durchsichtige Plättchen mit verschiedenen Augenzahlen passend auf das Spielbrett. Je höher der Stapel, desto mehr Punkte können erzielt werden. Legasthene Kinder können dieses Spiel auch solo spielen, indem sie die Plättchen richtig übereinanderlegen.

Spiele für das Symptomtraining

Alle bereits angeführten Spiele sind natürlich auch letztlich für das Symptomtraining von Bedeutung. Allerdings ist es durchaus möglich, auch gewisse Brettspiele für das Symptomtraining unterstützend zu verwenden. Im Folgenden finden sich einige Beispiele, die im Legasthenietraining und zu Hause sinnvoll eingesetzt werden können.

Scrabble (verschiedene Anbieter)
Der Klassiker unter den Buchstabenspielen. Es macht Spielern jedes Alters Spaß, aus den vorgegebenen Buchstaben Kreuzwörter zu bilden. Legasthene Kinder legen gerne einfach für sich selber Buchstaben aneinander, nicht unbedingt Gewinn orientiert.

Boggle (Parker)
In einer Schüttelbox befinden sich 16 Buchstabenwürfel. Durch Schütteln erhält man eine Buchstabenkombination. Nun sollen kreuz und quer, horizontal und vertikal Wörter gefunden werden. Einzige Bedingung ist, dass die einzelnen Buchstaben an einer Stelle aneinander grenzen. Im Legasthenietraining sollte versucht werden, gemeinsam mit dem Kind möglichst viele Wörter zu finden. Das darf so viel Zeit brauchen, wie dafür nötig ist und das Kind Freude daran hat.
Boggle ist ein sehr empfehlenswertes, abwechslungsreiches Spiel, das die ganze Familie gerne spielt.

Wort Mix (noris)
Bei diesem Spiel werden Wörter und Buchstaben mit Buchstabenkugeln gebildet, die in durchsichtigen Plastikröhrchen „eingefangen" werden. Ein großer Spielspaß mit hohem Lerneffekt (dieses Spiel gibt es auch mit Zahlen).

Word Slam (Piatnik)
Ein Wortbrettspiel, bei dem Wörter zu bestimmten Themengebieten mit bestimmten Anfangsbuchstaben gefunden werden müssen. Der beigelegte Spielhammer macht die Sache spannend. Wenn das legasthene Kind beim Spielen nervös wird, sollten die Eltern den Hammer weglassen und eine weniger „strenge" Version spielen.

Kreuz und quer durchs Alphabet (Der kleine Verlag)
Würfelspiele zur Rechtschreibung und Aufsatzerziehung mit Ergänzungsmaterial.

Wort Rummikub Compact (Jumbo Spiele)
Das ist ein klassisches Buchstabenspiel zum Bilden von Wörtern.

Wort für Wort (Ravensburger)
Mit diesem Spiel erwerben Kinder erste Lesekenntnisse und festigen diese. Übung für das Schreiben und Buchstabieren.

Trennen und Erkennen (Lingoplay)
Ein Kartenspiel zur Unterscheidung von einfachen und doppelten Konsonanten in verschiedenen Wörtern (ab 8 Jahre).

Silbolo (Lingoplay)
Bei diesem Kartenspiel gilt es, Wörter in die einzelnen Silben zu gliedern. Silbolo wird mit den Regeln des „Schnipp-Schnapp"-Spieles durchgeführt. Das Spiel kann gut im Zusammenhang mit Trainingsprogrammen, die auf der Lautierung basieren, verwendet werden. Sehr empfehlenswert für Kinder ab 6 Jahre.

FAZIT

Spiele ergänzen jedes Rechtschreibtraining in idealer Weise: Das Kind lernt, ohne es zu bemerken. Die Stimmung zwischen Eltern und Kindern ist gelöster als beim Arbeitsblätterausfüllen. Besorgen Sie sich eine kleine Grundausstattung guter Spiele oder verwenden Sie bereits Vorhandene nach den bereits erwähnten Prinzipien. Mit der Zeit bekommen Sie ein Gefühl dafür, welche Spiele für welchen Wahrnehmungsbereich geeignet sind. Bitten Sie den Legastheniebetreuer Ihres Kindes um Empfehlungen.

10. WIE MOTIVIERE ICH MEIN KIND?

Woche für Woche und Tag für Tag leisten legasthene Kinder, die sich in einem Trainingsprogramm befinden und zusätzlich Förderung in Schule und Elternhaus erfahren, Großartiges:

„Nach langen Irrwegen durch verschiedene Institutionen und Fehlinformationen findet sich eine Legasthenietrainerin. Das erste Ziel scheint erreicht. Endlich. Eine Hoffnung keimt: Alles wird gut. Doch sehr bald müssen wir erkennen, dass sich unser Kind auf eine Reise aufmacht. Eine lange, oft mühsame und entbehrungsreiche, selten verheißungsvolle Ausblicke gewährende Reise. Die Last, die auf dem Kind liegt, ist groß. ‚Ich muss soooo viel üben und mache trotzdem sooooo viele Fehler!' Wer kann dieser Klage der eigenen Tochter schon wirklich widersprechen? Trost spenden, das bleibt. Manchmal hilft das sogar.
Und natürlich haben Eltern auch die Hauptlast zu tragen. Vor allem erweist sich die tägliche Arbeit (und die sollte neben den zusätzlichen Hausaufgaben und den Schularbeitsvorbereitungen mit Ausnahme des Sonntags und mancher Ferientage geleistet werden) als heikle Gratwanderung zwischen Förderung und Überforderung."

Diese Schülerin macht im Laufe des Trainings gute Fortschritte, erfüllt aufmerksam und ordentlich ihre zusätzlichen Übungen und ist in der Trainingsstunde meist fröhlich und bei der Sache. Doch – die Hauptaufgabe – das tägliche Motivieren liegt in der Hand der Eltern. Dass diese schwierige Aufgabe oft überfordert und entmutigt, liegt auf der Hand. Seriöse Legasthenietrainingsprogramme sind oft mühsam, bringen erst über einen längeren Zeitraum sichtbaren Erfolg und erfordern daher ein hohes Maß an Eigeninitiative.

Um für diese erhöhte Anforderung die notwendige Bereitschaft zu erbringen, bedarf es geeigneter Motivation.

Daher sollte das Üben speziell für Legastheniker nach verschiedenen Grundelementen gestaltet werden:

- Fangen Sie immer mit **einem anderen Übungselement** an.
- Das Arbeiten soll in einer angenehmen, **freundlichen Atmosphäre** (ordentlicher, gut ausgeleuchteter Arbeitsplatz) stattfinden. Kleben Sie auf die Arbeitsunterlage Lieblingsmotive des Kindes auf.
- Das Training sollte **vorwurfsfrei** und ohne allzu große Erwartungshaltung durchgeführt werden. Das ist natürlich eine große Anforderung für die betroffenen Eltern.
- Eltern legasthener Kinder haben oft mit großem Unverständnis der Umgebung zu leben. Doch vergessen Sie nicht: Ihrem Kind ergeht es ebenso! Achten Sie darauf, dass es zu seiner zusätzlichen Belastung nicht auch noch **Schuldgefühle** bekommt!
- Sorgen Sie dafür, dass Ihr Kind **ohne Zeitdruck** arbeiten darf, aber setzen sie sich und dem Kind ein Zeitlimit. Durch die differenzierte Aufmerksamkeit Ihres Kindes kann es sonst zu langen Übungssitzungen kommen, die meist eine unangenehme Atmosphäre schaffen.
Tipp: Basteln Sie mit Ihrem Kind eine Kartonuhr (ähnlich einer Parkuhr) und stellen Sie den Zeiger auf das Ende der Trainingseinheit. Ist die Übungszeit vorüber, darf das Kind in eine kleine Kartonbox z.B. einen Plastikjeton einwerfen. Monatlich erhält das Kind eine kleine Belohnung.
- **Trösten** Sie Ihr Kind, nehmen sie es bei Misserfolgen in die Arme und erzählen von eigenen Misserfolgen in Ihrem Leben, die sich doch noch zum Guten gewendet haben.
- **Ermutigen und loben** Sie das Kind! Lob ist eines der besten Motivationsmittel! Auch wenn Ihr Kind in der schulischen Leistung weit hinter seinen Klassenkameraden liegt, leistet es doch Unglaubliches.

- Geben Sie dem Kind eine **Zukunftsperspektive**: Erzählen Sie von berühmten Legasthenikern (siehe Kapitel 15, Berühmte LegasthenikerInnen), die es im Leben zu etwas gebracht haben. Besorgen Sie sich Kurzbiographien dieser Personen und erzählen Sie Ihrem Kind kurze Geschichten von diesen Menschen. Setzen Sie aber Ihr Kind nicht unter Druck, indem Sie vermitteln, dass Sie erwarten, dass Ihr Kind auch prominent bzw. überdurchschnittlich erfolgreich wird.
- Verschaffen Sie dem Kind einen **Überblick**. Das Kind sollte eine Mappe mit chronologisch geordnetem Material zur Verfügung haben. Oft wird diese vom Legasthenibetreuer bereitgestellt.
- Achten Sie auf einen **geordneten Ablauf des Trainings**: Aufmerksamkeitsübung, Funktionstraining, Symptomtraining. (Literaturtipp: Astrid Kopp-Duller, Training nach der AFS-Methode, KLL-Verlag).
- Sorgen Sie dafür, dass das Kind **nicht abgelenkt** wird und sich konzentrieren kann (vor allem keine Lärmbelästigung).
- Sorgen Sie für **Pausen**: Räumen Sie dem Kind Erholungsphasen zwischen Hausübung und Legasthenietraining ein! Übertreiben Sie es nicht mit der Dauer des Übens. Generell gilt: Täglich 15 Minuten gezieltes Legasthenietraining ist ausreichend.
- Ein wichtiger Aspekt ist auch die **Belohnung**: Für regelmäßiges, zusätzliches Üben darf ein Kind ruhig belohnt werden. Übertreiben Sie es aber nicht, denn der Schritt von Belohnung zu Bestechung ist ein kleiner!

Tipp: Erstellen Sie für das Kind eine Monatspunkteliste: Nach dem täglichen Üben darf das Kind einen lustigen Aufkleber neben das aktuelle Datum kleben. Ist der Monatsplan voll, überraschen Sie das Kind mit einer gemeinsamen Tätigkeit. Diese Belohnungen haben einen Wert, der über rein materielle Geschenke hinausgeht. Sie fördern zudem die Eltern-Kind-Beziehung, die durch die angespannte Situation des Übens und des schulischen Misserfolgs ohnehin oft angeschlagen ist. Diese Ausflüge sind zudem eine sinnvolle Prävention der Sekundärlegasthenie.

▪ Vergessen Sie den **Humor** nicht! Es darf beim Üben auch einmal gelacht werden. Vermitteln Sie dem Kind, dass man auch über eigene Missgeschicke schmunzeln kann, aber lachen Sie niemals auf Kosten des Kindes!

▪ Ein wichtiger Aspekt der Trainingsmotivation des Kindes liegt in der **Akzeptanz der Diagnose Legasthenie** von den Eltern. So schwer es auch erscheinen mag, Eltern sollten versuchen, die Legasthenie ihres Kindes zu akzeptieren, um positiv daran arbeiten zu können.

Und tatsächlich ist Legasthenie **keine Katastrophe**. Sie bleibt zwar ein Leben lang bestehen, gröbere Schwierigkeiten treten aber meist nur in der Schul- und Ausbildungszeit auf. Das sind zweifelsohne wichtige Phasen im Leben des Kindes! Aber mit den richtigen Fördermaßnahmen lassen sich diese Zeiten mehr oder weniger gut überwinden. Natürlich gibt es dafür keine Garantie und so mancher Tatsachenbericht beweist das Gegenteil. Dennoch gilt: Je früher erkannt und daran gearbeitet wird, desto kleiner sind die Auswirkungen auf die Psyche und das gesamte Leben des Kindes.

Wenn Sie auch manchmal das Gefühl haben, wenig für Ihr legasthenes Kind tun zu können, so schenken Sie ihm **Liebe und das Gefühl der Geborgenheit**. Das können Sie als Eltern dem Kind am Besten und Effektivsten zukommen lassen!

FAZIT

Die Frage der Motivation ist bei allen für Legastheniker angebotenen Programmen und Fördermöglichkeiten von grundsätzlicher Bedeutung!

Eltern sollten ihrem Kind eine Atmosphäre des Angenommenseins und angenehme Lernbedingungen schaffen. Damit legen Eltern eine gute Basis für das langfristige Durchhalten des Trainings.

11. ZUSAMMENARBEIT ALLER BETEILIGTEN

Sarah besucht die dritte Schulstufe der Grundschule und zusätzlich seit einem Jahr einen außerschulischen Legasthenieunterricht:

„Das Üben bei meiner Trainerin macht mir große Freude, auch wenn ich manchmal die Übungsaufgaben für Zuhause nicht machen möchte. Mein sechsjähriger Bruder schaut mir immer über die Schulter und löst die Aufgaben viel schneller als ich! Das kann ich gar nicht leiden! Meiner Lehrerin in der Schule zeige ich immer die Trainingsmappe vom Legasthenietraining. Die findet die Sachen, die ich dort lerne, ganz super. Sie hat sich auch schon manches herauskopiert für die Förderstunden. Am besten gefällt mir, dass ich jetzt die Texte, die ich lese, auch schon oft verstehe. Gerne lese ich nicht, aber so schlimm ist es auch wieder nicht!"

Sarah ist in der glücklichen Lage, dass bei ihr die Zusammenarbeit von Elternhaus, Schule und außerschulischer Betreuung gut funktioniert. Andererseits liegt Sarahs Problem gerade bei den beiden jüngeren, offenbar nicht legasthenen Geschwistern. Doch lösen Sarahs Eltern dieses Problem, indem sie vor den jüngeren Geschwistern Sarahs gute Malkenntnisse besonders hervorheben und auch ihre hilfsbereite Art. So entsteht für die jüngeren Geschwister nicht der Eindruck, ihre ältere Schwester „sei dumm"!

Bei dem zehnjährigen Peter sieht die Lage ganz anders aus:

„Manchmal denke ich, dass das ganze Trainieren umsonst ist! Mich freut es einfach nicht mehr: Immer üben, üben, üben und dann schreibt der Lehrer immer solche komischen Sachen unter meine Arbeiten. Bei der letzten Deutsch-

schularbeit stand neben dem Fünfer: ‚Wann übst du endlich mehr, damit deine Rechtschreibfehler weniger werden? Der Inhalt ist gut, aber deine Fehler sind unzählbar!'
Ich hatte so eine Wut auf den Lehrer, als ob ich die Fehler absichtlich gemacht hätte!"

Auf Wunsch der Mutter kam es zu einem Telefonat zwischen der Legastheniebetreuerin und dem Lehrer. Und siehe da, aus dem verständnislos und unpädagogisch erscheinenden Lehrer wurde plötzlich ein interessierter, fragender und nach Gerechtigkeit bemühter Pädagoge:

„Ich kann Peter doch keine positive Note geben, was würden dann die Eltern anderer Schüler sagen? Vor Jahren habe ich einmal ein Mädchen mit Legasthenie milder beurteilt, weil sie mir so leid getan hat. Sie glauben gar nicht, wie schnell die Mutter ihrer Sitznachbarin in der Schule war und mir vorwarf, dass ihre Tochter mit viel weniger Rechtschreibfehlern die gleiche Note hätte wie das legasthene Mädchen. Ich musste mir Ungerechtigkeit und Bestechlichkeit vorwerfen lassen!"

Tatsächlich ist es oftmals so, dass Lehrer erstens nicht ausreichend über ihre schulgesetzlichen Möglichkeiten bei Legasthenie aufgeklärt sind und zweitens die negative Reaktion der anderen Eltern fürchten. In einem Gespräch mit Peters Mutter und auch Peter selber konnte aufgeklärt werden, dass der Lehrer Informationen über Legasthenie benötigt, also Aufklärungsarbeit sehr wesentlich ist, und ein guter, gerechter Pädagoge sein möchte.
Das Klima zwischen Peter und dem Lehrer als auch der Eltern zu dem Pädagogen veränderte sich schlagartig. Nicht dass Peter plötzlich nur mehr gute Noten bekam, doch war eine Gesprächsbasis hergestellt, auf der aufbauend eine geeignete **gemeinsame Hilfestellung** für Peter gesucht und gefunden werden konnte. Viele Probleme liegen an der unzureichenden Kommunikation aller Beteiligten!

Allerdings gibt es immer auch noch unbelehrbare Pädagogen, die nichts Besseres zu tun haben, als die außerschulische Legastheniebetreuung ihrer Schüler schlecht zu machen:

„*Endlich hatten wir für unseren bereits ziemlich lernunlustigen und verschlossenen Sohn Ralf eine geeignete Legastheniebetreuung gefunden, nachdem wir über ein Jahr lang zunächst auf der Suche nach der Ursache seiner Rechtschreibfehler waren und Ralfs Lehrerin stets meinte, Legasthenie hätte er nicht! Bei einem Testverfahren stellte sich dann doch eine Primärlegasthenie heraus. Trotz Abratens von Seiten seiner Klassenlehrerin ermöglichten wir unserem Sohn das außerschulische Legasthenietraining. Bereits nach einigen Wochen zeigten sich Verbesserungen, besonders in Ralfs Arbeitseinstellung. Er wurde wieder fröhlicher und zugänglicher. Die häuslichen Übungen für das Legasthenietraining erledigte er bereitwillig, wurde er doch in der nächsten Trainingseinheit sehr dafür gelobt und erhielt lustige Belohnungssticker. Die nächste Deutscharbeit fiel – wider Erwarten – gut aus. Dennoch überreichte ihm die Lehrerin das Heft mit den Worten: ‚Du hast ausnahmsweise gut gearbeitet, aber eins sage ich dir: Legasthenie hast du nicht!'*"

Dass diese Ignoranz Ralf nicht gerade in seinem Trainingseifer förderte, versteht sich von selbst. Es ist zu wünschen, dass solche Reaktionen von Seiten der Pädagogen durch die zunehmende Aufklärung über das Thema „Legasthenie" bald der Vergangenheit angehören.

Es ist erfreulich, dass sich immer mehr PädagogInnen um eine fundierte Aus- und Weiterbildung im Bereich Legasthenie bzw. Lese-Rechtschreib-Schwäche bemühen und im Rahmen des „Offenen Lernens" (Lernen mit allen Sinnen mit vielen Wahrnehmungselementen und Spielen) Kindern mit Teilleistungsschwächen eine geeignete Hilfestellung im schulischen Unterricht bieten.

Grundsätzlich gilt für Eltern legasthener Kinder: Ein aufklärendes Gespräch mit den Lehrern des Kindes in höflicher, entgegenkommender

Weise zu führen, ist einen Versuch wert. Sollte dieses Gespräch negativ ausfallen, haben betroffene Eltern zumindest die Gewissheit, von ihrer Seite nichts versäumt zu haben.

In wenigen hartnäckigen Fällen kann ein Klassen- oder Schulwechsel die Lösung sein, allerdings niemals, ohne zuvor alle Gesprächsmöglichkeiten ausgeschöpft zu haben.

Vorsicht ist auch geboten, wenn der außerschulische Legastheniebetreuer ein einseitiges Bild malt und verständnisvolle Schulpädagogen der Ungerechtigkeit bezichtigt, wenn dies nicht den Erfahrungen der Eltern entspricht. Eine Familie mit einem legasthenen Sohn machte auch diese Erfahrung:

„Die Legastheniebetreuerin unseres Sohnes verweigerte jedes Gespräch mit dem Deutschlehrer. Sie teilte uns mit, dass die Lehrer in der Schule allesamt keine Ahnung von Legasthenie hätten und es nur gälte, die Schule irgendwie – natürlich begleitet von einem Legasthenietraining – hinter sich zu bringen."

Diese Familie suchte sich nach geraumer Zeit eine andere Trainerin. Das Üben ging ab diesem Zeitpunkt besser voran, weil wieder alle Beteiligten an einem Strang zogen.

Ein Zusammenarbeiten zwischen dem legasthenen Kind, dessen Eltern, Lehrern und der Legastheniebetreuung sollte unbedingt angestrebt werden. Das Wohlfühlen des Kindes und aller anderen Beteiligten in dieser zusätzlichen Übungssituation ist für den Erfolg von ebensolcher Bedeutung wie das Trainieren an der Wahrnehmung und an den Fehlern an sich. Es ist nicht nur ein fachliches Zusammenwirken nötig, sondern ein grundsätzliches Befürworten der erforderlichen Trainingssituation aller Beteiligten. Kinder spüren sehr rasch, wenn zwischen ihren wichtigsten Bezugspersonen Uneinigkeit über das Legasthenietraining besteht, und dies wirkt sich direkt proportional zu ihrem Übungseifer aus.

Clemens bringt es auf den Punkt: Er findet das zusätzliche Training nicht so schlimm, obwohl er lieber mehr Freizeit hätte:

„Die Suchbilder mache ich gerne, aber die Schreibübungsblätter gar nicht. Ich bekomme von der Trainerin immer tolle Spiele mit, die mag ich meistens, aber nicht die Memories. Meine Mama findet aber alle Sachen, die ich zum Üben habe, toll ... Es ist nicht so schlimm, eigentlich mache ich es gerne."

FAZIT

Im Idealfall arbeiten das legasthene Kind, die Eltern, der/die Lehrer und der Legastheniebetreuer positiv zusammen, indem jeder dem Anderen seine Fachkompetenz zubilligt. Alle Beteiligten müssen ausreichend über das Phänomen Legasthenie informiert sein, um über die besonderen Eigenheiten legasthener Menschen Bescheid zu wissen. Es ist wichtig, eine Gesprächsbasis zwischen allen Beteiligten zu suchen.

12. LEGASTHENIE UND COMPUTER

Immer häufiger warnen Ärzte, Psychologen und Pädagogen vor dem übermäßigen Computergebrauch junger Schulkinder. Andererseits ist der Gebrauch dieses Mediums in unserer Zeit nicht mehr wegzudenken. Auch für leserechtschreibschwache Kinder bietet der PC viele Möglichkeiten in der Förderung und Anwendung.

Beobachtungen von Legasthenikern haben ergeben, dass Kinder beim Arbeiten mit dem Computer meist leichter „ihre Gedanken zusammenhalten" können. Es gibt allerdings keine wissenschaftlichen Erklärungen dafür, warum legasthene Menschen mit dem Computer aufmerksamer arbeiten als mit Papier und Bleistift. Vermutet kann nur werden, dass die klare und vor allem statische Anordnung der Buchstaben auf der Tastatur dem Legastheniker Sicherheit vermittelt. Nicht zu unterschätzen sind auch die zahlreichen Rechtschreibprogramme, die legasthenen Menschen eine wertvolle Hilfestellung bieten können!

In einem Rundschreiben des Bundesministeriums für Bildung, Wissenschaft und Kunst vom Jahre 2001 an alle Landesschulräte und pädagogischen Institute (Rundschreiben Nr. 32/2001) wird der Gebrauch von modernen Medien im Unterricht für leserechtschreibschwache Kinder empfohlen:

Im Unterricht von Schüler/inne/n mit schwer wiegenden Lese-Rechtschreib-Schwierigkeiten kann auf die – durch die modernen Informations- und Kommunikationstechnologien – geänderten Anwendungen und Kontrollmöglichkeiten bei der Schreibrichtigkeit Bedacht genommen werden. Sämtliche gängigen Programme zur Textverarbeitung enthalten Rechtschreibprüfungen, durch die die Leistungserbringung erleichtert wird.

Es besteht kein Einwand, dass SchülerInnen bei der Leistungserbringung – ins-

besondere auf höheren Schulstufen – bei schriftlichen Arbeiten zeitgemäße Hilfsmittel zur Überprüfung der Schreibrichtigkeit zur Verfügung gestellt werden. Davon werden SchülerInnen mit nachweislich legasthenischer Beeinträchtigung besonders profitieren.

Leider ist diese Aufforderung inhaltlich erst in geringem Umfang in der Praxis verwirklicht. Doch gibt es – vor allem in den höheren, berufsbildenden Schulen – immer mehr PädagogInnen, die den Einsatz von Laptops auch bei schriftlichen Überprüfungen für legasthene SchülerInnen, die, abgesehen von der Orthografie, gute Lernleistungen erbringen, ermöglichen.

Warum legasthene Kinder vom Medium Computer so fasziniert sind, mag auch daran liegen, dass sie bei Computerspielen Erfolge erleben, die ihnen in den übrigen Lernsituationen versagt bleiben. Für legasthene Kinder gibt es eine Reihe von sehr guten Spielen, die einen hohen Trainingseffekt besitzen.

Im Folgenden werden einige empfehlenswerte Spiele genannt. Der Lernsoftwarebereich verzeichnet aber in den letzten Jahren starken Zuwachs. So werden ständig neue Spiele entwickelt, die nach ähnlichen Prinzipien wie die hier vorgestellten bewertet werden können. Gute Softwareprodukte halten sich über einen längeren Zeitraum am Markt!

Wichtige Kriterien für Computerspiele

Wenn Computerspiele für leserechtschreibschwache Kinder eingesetzt werden, sollten folgende Punkte beachtet werden:
- Die Spiele sollten von Legastheniespezialisten empfohlen werden (siehe u. a. auch unter: www.spiele.legasthenietrainer.com; www.schulen.wien.at; www.lernspiele.at/lernlexi.html).

- Wird beim Spiel auf die differenzierten Sinneswahrnehmungen des Kindes Rücksicht genommen?
- Ist das Spiel klar strukturiert gestaltet?
- Gibt es zu viel hektische Hintergrundanimation? Dann ist es für das Kind nahezu unmöglich, sich zu konzentrieren.
- Sind die Hintergrundtöne zu laut? Dann könnte man eventuell den Ton abdrehen, wenn dieser für die Lösung der Aufgabe nicht erforderlich ist.
- Spielt das Kind gerne oder lehnt es das Spiel ab? Ist letzteres der Fall, ist jedes noch so pädagogisch wertvolle Spiel für das betreffende Kind sinnlos!

Spiele für die Sinneswahrnehmungen

Zum Konzentrationsaufbau LinksRechts (Verlag Jugend & Volk)
Die Spiele sind ansprechend und einfach gestaltet. Gezielt wird auf die einzelnen Teilleistungsbereiche eingegangen. Verschiedene Levels ermöglichen ein aufbauendes Training, jede Übung kann unabhängig von den anderen trainiert werden. Daher individuell für jedes Kind einsetzbar. Manche Kinder ermüden bei diesem Training allerdings rasch. Es sollte nur in kurzen Sequenzen angewendet werden, ist dann aber äußerst wirksam.

Lettrix (Software-Collection UNICEF)
Computerpuzzlespaß für die ganze Familie, aber besonders für das legasthene Kind mit differenzierter Raumwahrnehmung. Unterschiedliche Formen müssen in die richtige Lage und Anordnung gebracht werden.

Tangram (verschiedene Anbieter)
Computerversion des beliebten siebenteiligen chinesischen Holzpuzzles mit den unzähligen Legevarianten. In vier verschiedenen Schwie-

rigkeitsgraden zu spielen. Macht den Kindern großen Spaß. Günstig ist auch die Lösungsvariante, nach der bei Bedarf die Teile angeordnet werden können.

Das Blaue vom Himmel (www.sissi-nuhl.com)
Diese Spiele zum Training der optischen Differenzierung und des optischen Gedächtnisses zeichnen sich durch eine ansprechende Gestaltung und den günstigen Preis aus. Die Autorin ist Obfrau des Wiener Landesverbandes Legasthenie und hat die Spiele aus der Praxis für die Praxis entwickelt. Geeignet für das Mittelschulalter und die 3. und 4. Grundstufe.

Im Aquarium (www.sissi-nuhl.com)
Ist ein nett aufbereitetes Spiel zum Training des Körperschemas und der räumlichen Orientierung (ab 4 Jahren). Fische spielen in einem Aquarium verstecken. Es gilt, die Anweisungen des Sprechers zu befolgen und die Fische zu suchen (oben, unten, links, rechts, hinten). Diese CD-ROM kann in unterschiedlichen Sprachen (Deutsch, Englisch, Französisch, Kroatisch, Polnisch, Serbisch, Tschechisch, Türkisch, Ungarisch, Japanisch, Italienisch, Russisch, Rumänisch und Bulgarisch) gespielt werden.

Gehirnjogging (Happy Neuron)
Konzentrationsspiel für ältere SchülerInnen und Erwachsene. Auch hier fordern die verschiedenen Schwierigkeitsstufen und Sinneswahrnehmungsübungen heraus.

Legasthenie I und II (EÖDL)
Zahlreiche für das Legasthenietraining verwendbare Computerspiele zum Ausprobieren (teilweise in Sharewareversion).

Easy Training Programm 3.0 (EÖDL)
Die Übungen sind nach den einzelnen Teilleistungsbereichen (Optik, Akustik, Raumlage, Intermodalität und Serialität) angeordnet. Die Autoren empfehlen ein Training über einen längeren Zeitraum hinweg. Es ist möglich, eine individuelle Leistungskurve auszudrucken.

Ursula Lauster Spiele Legasthenie (United Soft Media Verlag)
Auf dem Bildschirm erscheint ein Puzzle, hinter jedem Puzzleteil verbirgt sich eine Aufgabe. Nach jeder vollständig gelösten Aufgabe kommt ein Teil des hinter dem Puzzle liegenden Bildes zum Vorschein. Mit Eifer wird das Kind versuchen, das gesamte Aufgabenfeld zu lösen, um das Bild sehen zu können.

Lettris (www.mn-software.de/lettris.htm)
Dieses Computerspiel ist ein hervorragendes Trainingsspiel. Auf der Legasthenie-CD-Rom des EÖDL (Erste Österreichische Dachverband Legasthenie) befindet sich eine Sharewareversion. Eine Anschaffung einer Einzelplatzversion mit Leveleditor (Einstellmöglichkeiten sämtlicher Lernwörter) lohnt sich allemal.
Auf verschieden einstellbaren Hintergrundversionen purzeln Buchstaben in verschiedenen Lagen (auch seitenverkehrt) über das Spielfeld. Es gilt, die Buchstaben nach Wortvorgaben in die richtige Position und Reihenfolge zu bringen. Dieses Spiel trainiert die unterschiedlichsten Sinneswahrnehmungen, besonders aber die Serialität und die Raumlage!
Das Spiel lässt sich nach Schulklassen einstellen bzw. man kann selber Trainingsprogramme zusammenstellen. Ab Mitte der ersten Schulstufe geeignet.

Schneemann (ABC Ware)
Nach dem Prinzip des „Galgenmännchenspiels" müssen leere Kästchen mit den Buchstaben des Alphabets gefüllt werden. Mit jedem

Buchstaben schmilzt der Schneemann ein Stückchen. Es gilt, das Wort zu erraten, bevor vom Schneemann nichts mehr zu sehen ist. Das Spiel fördert die optische Serialität und das Buchstabenlernen. Ab 6 Jahren.

Detektiv Langohr (www.trialogo.de)
Förderung der auditiven Wahrnehmung (für die Logopädietherapie entwickelt). Für das Grundschulalter konzipiert. Sowohl als Diagnoseinstrument als auch als Trainingsprogramm geeignet. Für jüngere Kinder mit differenzierter Wahrnehmung im akustischen Bereich sehr gut geeignet!

Spaß mit Dixi (Chromis-Software)
Trainiert werden Konzentration, logisches Denken, Kopfrechnen und Wortschatz. Inhaltliche Aufarbeitung mit Wortsuche, Kreuzworträtsel, Suchbilder, Domino, Foto-Puzzle und Merkfix.

Hanna & Co. Plus (www.lifetool.at)
Dieses Übungsprogramm ist speziell für leserechtschreibschwache Kinder entwickelt worden. Die Stufen „leicht", „mittel" und „schwer" und die Kategorien „Buchstaben", „Wörter" und „Sätze" ermöglichen ein individuell angepasstes Training. Die Hintergrundgrafik ist einfach und lenkt nicht von den Übungen ab. Die auditive Sinneswahrnehmung wird durch Hör-Bild-Memories und Lauterkennungsübungen spielerisch und dennoch in effektiver Weise gefördert. Ein nettes Programm, von einem österreichischen Team erarbeitet und erprobt.

Gebilex 2 (www.lifetool.at)
Diese Lernsoftware stellt ein multimediales Lexikon zum Erlernen und Üben von Begriffen und zur Sprachbildung dar. Zum spielerischen Trainieren verschiedener Wahrnehmungsbereiche stehen die Übungen „Buchstabensalat", „Wortsalat", „Lückentext" und „Paare finden" zur

Auswahl. Gebelix 2 ist sowohl mit österreichischem als auch mit deutschem Grundwortschatz ausgestattet. Sehr gut auch für den logopädischen Einsatz geeignet!

Spiele für das Symptomtraining

GUT 1 – Das Rechtschreibprogramm (www.comundlern.de)
Grundwortschatz und Transfertraining. GUT 1 simuliert im Computer eine Lernkartei. Individuelle Rechtschreibübungen werden dadurch möglich. Das Ziel des Spieles ist, „Wortschätze" zu sammeln und mit diesen Bonuspunkten ein Baumhaus einzurichten. Der Bewohner dieses Häuschens ist ein niedlicher kleiner Bär. Ein Bild von diesem Bären, Bastelbögen und ein Plakat lassen sich mit den gesammelten Schatzpunkten ausdrucken. Diese spielerische Komponente spornt zum eifrigen Üben an. Für das 2. bis 7. Schuljahr.

Rechtschreib-Clic (www.schubi.at)
Intensives Training mit über 1000 Aufgaben. Gemeinsam mit Titus und Mary lösen die Kinder Lautunterscheidungsübungen und Rechtschreibübungen.

CESAR home (www.ces-verlag.de)
Ein relativ preisgünstiges, gut zu Hause verwendbares Computerspiel (Auswahlkombination aus „Cesar Lesen 1.0" und „Cesar Schreiben 1.0", die viele Trainer in der Therapie anwenden). Ansprechende Computergrafik, wird von den Kindern gerne gespielt (2. bis 4. Klasse Grundschule).

OKIDOKI-Rechtschreibprogramm (www.schroedel.de)
Dieses Lernprogramm ist für verschiedene höhere Schulstufen erhältlich. Die Aufmachung ist einfach, der eintönige Hintergrund hilft manchen Schülern sich zu konzentrieren, andere wieder finden ihn

zu langweilig. Das Zielnotenlernen könnte ein legasthenes Kind unter Druck setzen, andererseits kann man auch ein niedrigeres Level einstellen. Durch die vielen Übungseinheiten eine gute Grammatiklernmöglichkeit.

Lesen 2000 (www.lesen2000.com)
4- bis 11-Jährige können hier in verschiedenen Schwierigkeitsstufen Begriffsaufbau, Wortschatzerweiterung, sinnerfassendes Lesen, Lesegeschwindigkeit, Rechtschreiben und verschiedene Grammatikelemente üben. Dieses Programm ist sehr empfehlenswert.

Wörter fischen (www.sissi-nuhl.com)
Bei diesem Programm wird neben der Rechtschreibung auch das optische Gedächtnis trainiert. Dieses preisgünstige Spiel beinhaltet vier Memories mit schwierigen Wörtern der deutschen Sprache (au/äu, a/ä, ei/ie, ss/ß). Ab der 2. Schulstufe.

Emil und Pauline (www.usm.de)
Dieses Programm ist für die verschiedenen Schulstufen (Grundschule) erhältlich. Als Übung zwischendurch geeignet, bietet aber keinen systematischen Trainingsaufbau.

Pusteblume (www.schroedel.de)
Auf der Lernsoftware „Pusteblume" wird in Werkstätten der Pusteblumestraße geübt. In der Rechtschreib-Werkstatt, der Schreib-Werkstatt und der Lese-Werkstatt können witzig und liebevoll gestaltete Aufgaben gelöst werden. Im Gemüsegarten können die Kinder ihr erreichtes Übungsziel überprüfen. Für das 2. bis 4. Schuljahr geeignet.

Der neue Karolus (www.veris-direct.de)
Das ist die Lernsoftware zum Kieler Leseaufbau und Kieler Rechtschreibaufbau für das Computer unterstützte Training von Buchstaben,

Silben und Wörtern. Die Handhabung ist kinderleicht und die Grafik liebevoll gestaltet. Individuelles Arbeiten ist durch eigene Wörterlisten und selbst gewählte Schriftbilder möglich. Im Lesebereich trainieren die Schüler zunächst Buchstaben und Silben: a, e, i, o, u, ei, au und die Mitlaute r, s, n, f, l, h sowie die Laute en, er, ch, w und z. Im zweiten Schritt werden die so genannten Stoppkonsonanten erarbeitet: p, t, k und b, d, g. In einer dritten Übungsstufe werden ganze Wörter mit Konsonantenverbindungen am Wortanfang oder in der Wortmitte behandelt. Eine empfehlenswerte Trainingsmöglichkeit für Kinder im Grundschulalter.

Deutsch 2 und 3 (öbvhpt Verlag)
Diese Lernsoftware ist eine Ergänzung zu dem in vielen Grundschulen verwendeten Deutschschulbuch. In 30 Sachthemen eingebettet wird in liebevoll gestalteter Art von dem Mädchen Niki durch das Programm geführt. Gerade für leserechtschreibschwache Kinder stellt dieses Ergänzungsprogramm (das auch von Kindern verwendet werden kann, die im Deutschunterricht ein anderes Buch verwenden) eine gute Schulung in der Rechtschreibung dar. Das Programm ist verknüpft mit einem Training der Sinneswahrnehmungen (auditive Differenzierung und auditives Gedächtnis sowie optische Differenzierung und optisches Gedächtnis als auch der optischen Serialität). Die einzelnen Übungselemente können ausgedruckt werden. Sehr kindgerecht mit angenehmer Computerstimme gestaltet. Für das 2. und 3., eventuell auch für das 4. Schuljahr geeignet.

Achtung, fertig, clic! (Veritas Verlag)
Lernsoftware zu den Schulbüchern „Mimi, die Lesemaus", „Umweltreise", „Spaß am Forschen und Entdecken", „Zahlenreise und Mathematik 1". Enthält Elemente zum sinneswahrnehmungsfördernden Training und für das Symptomtraining (besonders Lauterkennung und Lautunterscheidung). Für die 4 Grundschulstufen erhältlich.

Deutsch gezielt (Engel Edition)
Für die Schulstufen 1 + 2, 3 + 4, 5 + 6 erhältlich. Ponky führt durch einen Übungsdschungel bzw. ein Inselspiel. Das Training ist abwechslungsreich, aber für die meisten legasthenen Kinder mit differenzierter Aufmerksamkeit zu hektisch. Bei Kindern mit einer allgemeinen Lese-Rechtschreib-Schwäche wird dieses preisgünstige Spiel besser angenommen.

Diktat clever lernen (www.klett-verlag.de)
Der Computer diktiert, korrigiert und erklärt jeden Fehler. Wortschatz und Textlänge sind auf die Lernziele der Altersgruppen (3./4., 5./6. und 7./8. Schulstufe) abgestimmt. Nach der Eingabe wird der Text korrigiert. Leicht verständliche Rechtschreibregeln und Beispiele bieten Hilfestellung. Eine gute Abwechslung für das Rechtschreibtraining.

Duden Lernsoftware (www.duden.de)
Die Lernsoftware „Diktat 3./4. Schuljahr" enthält 150 Wortdiktate, 8 Satz- und 20 Textdiktate sowie eine persönliche Fehlerkartei. Die Lernsoftware „Rechtschreibung 3./4. Schuljahr" beinhaltet Übungen und Diktate. Diese CD-Rom ist in einer ruhigen und unspektakulären Art aufbereitet, allerdings treten bei den meisten legasthenen Kindern rasch Ermüdungserscheinungen auf. Das Programm ist sicher sehr effektiv, benötigt aber eine hohe Motivation von Seiten des Kindes!

Uniwort (www.eugentraeger.de)
Bei diesem Trainingsprogramm werden Wortlisten mit Lücken abgefragt (z.B. e/ä oder f/v), Übungen zur besseren Wortdurchgliederung (Greifspiele) durchgeführt und an Hand einer Wortbaustelle geübt. Für das Legasthenietraining und zu Hause gut geeignet.

FAZIT

Der Einsatz des Computers im Legasthenietraining ist gut und sinnvoll. Viele empfehlenswerte Softwareprogramme werden für leserechtschreibschwache Kinder angeboten und stets neue Spiele entwickelt. Allerdings sollte die Trainingszeit am Computer nicht übertrieben werden. Beobachten Sie Ihr Kind: Ist es bereits übermüdet und unruhig? Dann ist dringend eine Trainingspause angesagt! Überanstrengung sollte unbedingt vermieden werden.

Die Erfolgserlebnisse, die ein betroffenes Kind beim Üben mit Lernsoftware hat, tragen dazu bei, Misserfolge in der Schule besser zu verkraften.

Rechtschreibprogramme erleichtern dem leserechtschreibschwachen Kind die Schreibarbeit und ermutigen es, längere Texte selber zu verfassen, da es nicht auf die Orthografie achten muss!

Dennoch gilt: Den Computer mit Maß und Ziel einsetzen!

13. LEGASTHENIE UND FREMDSPRACHEN

Die meisten Eltern legasthener Kinder stellen spätestens vor dem Schulwechsel von der Grundschule in eine höhere besorgt die Frage: „Wird mein Kind Schwierigkeiten beim Erlernen von Fremdsprachen haben?"

Diese Frage ist nicht einfach zu beantworten, denn es gibt erfahrungsgemäß leserechtschreibschwache bzw. legasthene SchülerInnen, die beim Erlernen einer Fremdsprache, meist zunächst „Englisch", keinerlei Probleme haben. Ihre Fehler beschränken sich auf die deutsche Muttersprache.

Beobachtungen zufolge sind das oft Kinder mit einer guten optischen Sinnesleistung. Sie prägen sich die Fremdwörter mit einem fast fotografischen Gedächtnis ein und lernen die „gesprochenen" Wörter wie eigenständige. Das heißt, diese Kinder lernen ein Wort einmal in der geschriebenen Art und dann nochmals als eigenständiges Vokabel nach der Aussprache.

Eine Tatsache ist aber auch, dass die meisten Kinder mit differenzierter Wahrnehmung auch im Erlernen von Fremdsprachen Probleme haben. Die unterschiedliche Aussprache und Schreibweise wird für das Kind zur Hürde. Plötzlich scheinen die hart trainierten auditiven Differenzierungsübungen nichts mehr zu nützen! Man schreibt die Wörter ja völlig anders, als man sie ausspricht!

Der Fremdsprachenunterricht verlangt von dem Kind also, die Bedeutung eines Wortes, seinen ungewohnten Klang und die Schreibweise mehr oder weniger gleichzeitig aufzunehmen. Hinzu kommen neue Grammatikregeln! Beim Erlernen einer Fremdsprache sind die Sinnesleistungen gefragt, und gerade da liegen die Schwachstellen eines legasthenen Kindes. Das Kind sollte eine gut ausgeprägte akustische (z.B. „mouse" und „house") und optische Differenzierungsfähigkeit („four" und „for") besitzen: Auch die optische Serialität ist gerade in der englischen Sprache von Bedeutung: gerne verwechseln legasthene Kinder etwa die Fragewörter „how" und „who", sind dabei doch nur die Buchstaben in einer anderen Reihenfolge angeordnet.

Weiters muss ein Kind beim Erlernen einer Fremdsprache Gesehenes und Gehörtes langfristig abspeichern (siehe auch Lernmethoden im Kapitel 8, Symptomtraining). Das Kind muss erkennen, dass in der Fremdsprache den antrainierten und gewohnten Buchstaben andere Laute zugeordnet werden. Das ist eine Schwerarbeit!

Symptome einer Englisch-Schwäche

Gerade der Englischunterricht bringt beim Übertritt von der Grundschule in eine höhere Schulform für viele – auch nicht leserechtschreibschwache – Kinder Probleme mit sich.

Von einer „Englisch-Schwäche" kann man dann sprechen, wenn trotz nachhaltigen, eifrigen Übens eine starke und lang andauernde Schwierigkeit beim Erlernen der englischen Sprache auftritt.

Die Symptome sind ähnlich einer Lese-Rechtschreib-Schwäche:
- Laut- und Buchstabenfolgen werden schlecht behalten.
- Laut- und Buchstabenfolgen können von dem Schüler nicht unterschieden werden.
- Das Kind schreibt die Wörter wie es nach den Lautgesetzen auf Deutsch geschrieben würde (verständlich für ein legasthenes Kind, das diese Gesetzmäßigkeiten eifrig trainiert hat!).
- Die Abspeicherung von Wörtern und Sätzen gelingt nicht oder nur schwer.
- Besonderheiten der Rechtschreibung und des Satzbaues werden nicht erkannt.

- Das Vokabellernen erweist sich als mühsam.
- Das Kind wendet die Sprache nicht eigenständig an.
- Das Kind benötigt für die Hausübungen einen langen Zeitraum.
- Das Kind kann „Englisch" nicht leiden.

Maßnahmen bei einer Englisch-Schwäche

Die Verzweiflung der Eltern, wenn sich zu der Legasthenie auch eine Englischschwäche, die eigentlich eine logische Konsequenz der differenzierten Sinneswahrnehmung darstellt, zeigt, ist verständlich. Soll nun zu allem auch noch ein Englischtraining dazukommen? Dazu sei zunächst angemerkt, dass ein sinnvolles Legastastastrasdasdasdasdasdning aus mehreren Komponenten besteht: Aufmerksamkeits-, Funktions- (Sinneswahrnehmungs-) und Symptomtraining. Die beiden ersten Trainingsbereiche sind ja in erster Linie nicht ausschließlich sprachbezogen, so kommt zu dem Training „nur" ein Englischsymptomtraining dazu. Zunehmend bieten LegasthenietrainerInnen auch Förderung im Englischen an. Das Prinzip der Teilleistungsförderung ist sprachunabhängig und kann in jeder Sprache und in jedem Land der Welt angewandt werden.

Da viele Kinder – wenn sie in die höhere Schule kommen – in ihren Teilleistungsschwächen bereits jahrelang geschult sind, haben sie beim Erlernen der Fremdsprache Englisch bereits einen großen Vorteil gegenüber der Phase, in der sie die deutsche Schriftsprache erlernen mussten. Dies ist in der Praxis immer wieder zu beobachten. Auch deswegen ist eine Früherkennung von großer Bedeutung. Allerdings sollten auch Eltern von Kindern mit relativ spät erkannter Legasthenie im Zusammenhang mit dem Erlernen einer Fremdsprache nicht verzweifeln. Es gilt, das Kind immer wieder zu ermutigen!

Informieren Sie auf jeden Fall den Sprachlehrer Ihres Kindes über die diagnostizierte Legasthenie. Es ist für einen Fremdsprachenlehrer sonst beinahe unmöglich zu erkennen, ob es sich bei den Fehlern um Wahrnehmungsfehler oder einfach um fehlerhafte Vokabelkenntnisse handelt!

Bitten Sie bei Bedarf den Legastheniespezialisten Ihres Kindes um ein spezielles Legastheniegutachten und allenfalls um ein Gespräch mit dem Sprachlehrer. Die Erfahrung zeigt, dass die meisten PädagogInnen gesprächsbereit und dankbar für Anregungen sind!

Üben Sie zu festen Zeiten, aber übertreiben Sie nicht. Sprechen Sie sich mit dem Legastheniebetreuer Ihres Kindes bezüglich zusätzlicher Aufgaben ab.

Wenn Sie Übungsmaterial einsetzen, verwenden Sie zunächst das oftmals sehr gute Zusatzangebot des jeweiligen Schulbuchverlages. Sowohl Übungs-CD-Roms als auch Übungshefte, Schularbeittrainingsmappen und Ferienübungshefte sind im Angebot. Passt das Übungsprogramm zum Schulstoff, prägt das Kind sich die Vokabeln und Regeln besser ein. Ein Übungsprogramm für ein legasthenes Kind muss auch in der Fremdsprache einfach, klar und gut durchgliedert sein. Zuviel Farbe und Animation lenken das Kind vom eigentlichen Lernstoff ab und stören die ohnehin differenzierte Aufmerksamkeit des Kindes aufs Empfindlichste.

Beziehen Sie in das Üben Spiele ein. Lernspiele in englischer Sprache stehen in vielfacher Ausführung in Lehrmittelverlagen zur Verfügung. Das Kind lernt Vokabeln mit Memorykärtchen, Sprachdominos und Wörterrätseln leichter und lieber. Viele der angeführten Legastheniespiele für den Symptombereich lassen sich auch für das Englischüben anwenden (Scrabble, Boogle, Word Master Mind, Wortketten, Ich packe meinen Koffer ...).

Seit kurzem gibt es einen kleinen „Englischfragecomputer" (Q 20 – Radica) auf dem Markt. Der kleine violette Geselle behauptet von sich, alle Gedanken lesen zu können. Das Kind soll sich einen Begriff ausdenken. Anhand von Fragen versucht der Computer, das Gedachte zu erraten. Auch wenn der Computer nicht alle Begriffe errät, stellt das Frage-Antwort-Spiel eine gute Englischübungsmöglichkeit ab dem 2. Lernjahr dar. Den Q 20 gibt es sowohl in englischer (Internet) als auch in deutscher Sprache.

TIPP Literatur:

Zander, Gisela: LRS-Förderung im Englischunterricht, Verlag an der Ruhr
Zander, Gisela: Besser Englischlernen trotz Lese-Rechtschreib-Schwäche, Verlag an der Ruhr

FAZIT

Nicht alle, aber doch die meisten Kinder mit differenzierten Sinneswahrnehmungen haben Schwierigkeiten beim Erlernen einer Fremdsprache. Bei früh erkannter Legasthenie sind die Differenzierungsfähigkeiten bis zum Fremdsprachlernalter (meist 10 Jahre) bereits so gut trainiert, dass sich die Probleme in Grenzen halten. Sollte dies nicht der Fall sein, versuchen Sie in Zusammenarbeit mit dem Legastheniespezialisten und dem Sprachlehrer Lösungswege zu finden. Mithilfe verschiedener Materialien und Geduld wird auch diese Hürde in den meisten Fällen überwunden!

14. ERGÄNZENDE THERAPIEN

Immer wieder stellen besorgte Eltern legasthener Kinder die Frage, ob ergänzend zu einem Legasthenietraining auch **Logopädie** oder **Ergotherapie** einen Sinn macht. Meist wird diese Frage auch im Zusammenhang mit der finanziellen Förderung des Trainings gestellt. Ergotherapie und Logopädie werden von Seiten der allgemeinen Krankenversicherung zumindest zu einem Teil abgedeckt.

Ist also von ärztlicher bzw. therapeutischer Seite eine ergotherapeutische oder logopädische Behandlung sinnvoll, eignen sich aus finanzieller und fachlicher Sicht zur Therapie Legasthenietrainer, die sowohl über die ergotherapeutische bzw. logopädische als auch über die Legasthenistenausbildung verfügen.

Allerdings ist es in keinem Fall so, dass jedes legasthene Kind Ergotherapie bzw. Logopädie benötigt. Wie schon an mehreren Stellen erwähnt, handelt es sich bei Legasthenie keineswegs um eine Krankheit, die eine medizinisch-therapeutische Behandlung verlangt. Tatsache ist aber, dass einige legasthene Kinder vielschichtigere Hilfe benötigen, das heißt neben der pädagogisch-didaktischen auch noch medizinisch-therapeutische, sei es in augen- oder ohrenärztlicher Unterstützung oder auch in logopädischer und ergotherapeutischer Hinsicht.

Logopädie

Logopädie stellt die Erhaltung, Verbesserung bzw. Wiederherstellung menschlicher Kommunikation in den Mittelpunkt der Arbeit. Die Kernaufgaben sind Prävention, Beratung, Untersuchung, Diagnose, Therapie und wissenschaftliche Erforschung von Störungen und Behinderungen der Sprache, des Sprechens, der Atmung, der Stimme, der Mundfunktion, des Hörvermögens und der Wahrnehmung, die bei allen Altersgruppen auftreten können. Laut Eigendefinition des Bundesverbandes diplomierter LogopädInnen liegt es auch in deren Verantwortung, erforderlichenfalls andere Berufsgruppen – und darunter fallen auch LegastheniespezialistInnen – miteinzubeziehen und interdisziplinär zusammenzuarbeiten.

Bekommen Sie also von einem Legastheniespezialisten den Tipp, auch einen Logopäden aufzusuchen, dann wird dies in dem speziellen Fall notwendig sein.

Aufmerksamen Eltern entgeht meist nicht, wenn ihr Kind etwa bei „S-Lauten" mit der Zunge an den Vorderzähnen anstößt und beim Sprechen lispelt, oder „L" und „R" nicht unterschiedlich aussprechen kann. „CH-" und „K"-Laute bereiten ebenfalls oft Schwierigkeiten oder „SCH-" und „Z"-Laute.

Sollten Sie bei Ihrem legasthenen Kind zusätzlich ähnliche Schwierigkeiten beim Sprechen erkennen, dann sollten Sie bei einem Logopäden vorstellig werden.

TIPPS:

Sing mit mir! Sprich mit mir! (www.mzfk.de/dbl)
Dieses Buch und Audio-CD wird vom Bundesverband für Logopädie/Verein mehr Zeit für Kinder angeboten: Unsere Sprache bietet viele Möglichkeiten, sich spielerisch mit ihr zu beschäftigen, sei es mit Reimwörtern oder mit lustigen Zungenbrechern. Das macht Kindern Spaß und ist für legasthene Kinder auch sehr geeignet.

Na Logo! (Trialogo)
Spiel zur Förderung der Mundmotorik, des Wortschatzes und der Lautunterscheidung.

Plappersack (Trialogo)
Dieses Spiel trainiert die Lautfestigung in der Spontansprache. Zu Situationsbildern sollen Sätze und Begriffe gebildet werden. Zusätzlich werden verschiedene Sprechvarianten (hoch, tief, langsam, schnell ...) ausprobiert. Ein Spiel zur Förderung der Sprechfertigkeit!

Papperlapapp (HABA)
Sehr schön aufbereitetes Spiel mit CD. Geräusche sollen erkannt und zugeordnet werden. Mit Tipps zur Sprachförderung, die von Logopäden zusammengestellt wurden.

Ergotherapie

Ergotherapie kommt von dem griechischen Wort „to ergon" – das heißt „das Werk, Tun, Handeln" und geht davon aus, dass „Tätig-sein" eine heilende Wirkung hat.

Der Ansatz der Ergotherapie berücksichtigt das Kind in seiner Gesamtpersönlichkeit – mit seinen Stärken und Schwächen, mit seinen motorischen, sensorischen, psychisch-geistigen und sozialen Anteilen. Das Kind wird mit all seinen Beziehungen, seinem individuellem Umfeld und seinen Lernbedingungen und Lernprozessen (Erfahrungen), die es bereits gemacht hat, betrachtet.

Neben vielen anderen Bereichen sind ErgotherapeutInnen auch dafür zuständig, wenn ein Kind Entwicklungs-, Lern- und/oder Verhaltensprobleme hat.

Damit ein Kind mühelos die sehr komplexen Leistungen wie Lesen, (Recht-)Schreiben und Rechnen lernen kann, müssen alle Systeme seines Körpers reibungslos zusammenarbeiten. Dazu ist eine gelungene Entwicklung und Integration aller Sinne nötig. Das Zusammenwirken aller Sinne bewirkt den Muskeltonus, Körperhaltung, Bewegung und zielgerichtete Handlung. Dies gilt als Voraussetzung für das Lernen.

Ergotherapie verbessert die Wahrnehmungs- und Handlungsfähigkeit, sie erfolgt auf ärztliche Anordnung.

Einige legasthene Kinder haben Probleme in Grundwahrnehmungsbereichen. Bevor das gezielte Legasthenietrainingsprogramm beginnt, kann es in einigen Fällen sinnvoll sein, Verbesserungen über den Bewegungsapparat mithilfe der Ergotherapie anzubahnen. Dies trifft nicht auf jedes legasthene Kind zu!

Bei der achtjährigen Anna konnte neben den auftretenden Fehlersymptomen und den daraufhin diagnostizierten differenzierten Sinneswahrnehmungen eine auffallend verkrampfte Schreibhaltung festgestellt werden. Der übermäßige Druck, den Anna beim Schreiben aufwandte, schnitt beinahe das Blatt Papier entzwei. Annas Mutter berichtete, dass ihre Tochter im Kindergarten ganz locker die Buntstifte geführt und wirklich hübsche Bilder gemalt hatte.

Sobald Anna allerdings Buchstaben bzw. Wörter und Sätze zu Papier bringen musste, verkrampfte sich ihre Schreibhaltung zusehends. Nach Rücksprache mit einer erfahrenen Ergotherapeutin wurden mit Anna Lockerungsübungen durchgeführt. Vor jeder Schreibaufgabe bekam Anna ein Badeschwämmchen bzw. ein Sisalmassageböllchen in die Schreibhand und knetete es etwa eine Minute durch, anschließend lockerte sie das Handgelenk aus und drehte dann mit geschlossenen Augen den Bleistift in der Hand haltend locker das Handgelenk. Erst dann schrieb sie ihre Aufgabe.

Im Laufe der Wochen wurde aus dieser Übung ein Ritual und die Schrift wurde immer leichter und die Handhaltung unverkrampfter. Anna hatte aus ihrer Schreibangst eine Sekundärproblematik entwickelt, die durch ergotherapeutische Übungen gelöst werden konnte. Heute hat Anna eine schöne, gleichmäßige Schrift und verkrampft sich nur mehr beim Schreiben sehr schwieriger Wörter, die sie trotz ihres fleißigen Trainierens noch ab und zu falsch schreibt.

TIPPS:

Reisbad
Eine größere Wanne mit Reis (Bohnen, Linsen, Kastanien, Nüssen, oder ähnlichem) füllen, Dinge darin verstecken (z. B. Puzzleteile oder andere alltägliche Gegenstände) und mit den Händen oder Füßen heraussuchen. Kartonrollen als Türme hineinstellen, anfüllen und durchrieseln lassen.

Tastsack
Verschiedene Gegenstände (z. B. Schreibmaterial, Küchenutensilien, Spielsachen, Naturmaterialien) in einen undurchsichtigen Stoffsack (Sportbeutel) geben. Die verschiedenen Dinge sollen durch Tasten erraten werden.

Rückenzeichnen
Verschiedene Formen (Wellen, Zick-Zack, Sonne, Zahlen, Buchstaben, kurze Wörter, Dreieck, Kreis, Fragezeichen) mit dem Finger auf den Rücken des Kindes zeichnen.
Das Kind fragen, was es gefühlt hat. Es kann die Form auch auf einem Blatt wiedergeben, auf einen anderen Rücken „zeichnen" oder mit dem Finger vor sich hin auf den Boden malen.

Sandwanne
Eine Plastikwanne mit ganz feinem Sand füllen. Darin mit dem Finger Muster ziehen, Buchstaben nachfahren, auf „Schatzsuche" gehen oder kleine Perlen heraussuchen.

Buchstaben aus Schleifpapier
Dieses Spiel ist für legasthene Kinder von doppeltem Vorteil: Buchstaben aus grobem Schleifpapier auszuschneiden und unter einem Tuch durch Abtasten mit beiden Händen erkennen lassen.

Bademalfarben
Mit hautärztlich getesteten Malfarben aus der Drogerie darf sich das Kind in der Badewanne selbst „verschönern", dann mit einem Badeschwamm wieder entfernen und abspülen. Die Lernwörter können auch mit buntem Badeschaum auf den Wannenrand geschrieben werden.

Planet der Sinne (HABA)
Sinnius, der Sinnesforscher, führt die Kinder auf einen reizvollen Planeten. In Aktionen ums Sehen, Hören, Riechen, Schmecken, Tasten und Bewegen lernen sie ihre Sinne besser kennen. Dieses sehr schön gestaltete Spiel fördert die ganzheitliche Wahrnehmung. Die einzelnen Anwendungen können individuell ausgewählt und erweitert werden.

FAZIT

Grundsätzlich gilt: Legasthenie bedarf grundsätzlich keiner medizinischen Hilfestellung. Sollte Ihr Kind zusätzlich zum pädagogisch-didaktischen Legasthenietraining eine medizinische Hilfestellung benötigen, wird der Legasthenietrainer, der Lehrer bzw. Sprachheillehrer oder der Kinderarzt darauf hinweisen.
Haben Sie selber den Verdacht, dass eine zusätzliche Hilfestellung notwendig ist, scheuen Sie sich nicht, mit fachlich geschulten Personen Kontakt aufzunehmen. Eltern kennen ihr Kind am besten und erleben es in den unterschiedlichsten Lebensmomenten. Vertrauen Sie auf Ihre Beobachtungen und sprechen Sie Ihre Befürchtungen und Fragen offen an.

15. BERÜHMTE LEGASTHENIKERINNEN

„All unser Wissen gründet sich auf Wahrnehmung!" Diese Aussage stammt von keinem Geringeren als dem berühmten Maler, Forscher, Genie und Legastheniker Leonardo da Vinci (1452 bis 1529). Er ist nur einer von vielen legasthenen Persönlichkeiten, die ihren ganz speziellen, ihren Fähigkeiten entsprechenden Weg gegangen sind!

Einige Eigenheiten da Vincis bestätigen diese Annahme: Bekannt ist seine Geheimspiegelschrift, mit der er alle seine Erfindungen beschrieb. Da Vinci hatte eine regelrechte Fertigkeit darin entwickelt, die durch seine differenzierte Wahrnehmung vermutlich begünstigt wurde. Leonardo wusste auch um seine Leseschwäche: „Ich weiß wohl, dass ich kein Belesener bin und dass es Überheblichen rechtens erscheinen könnte, mich zu schelten als Mann ohne Belesenheit. Törichte Menschen! Wissen denn diese nicht, dass meine Lehren weniger aus den Worten anderer gezogen werden als aus der Erfahrung!"

Es ist auch überliefert, dass Leonardo aufgrund seiner schlechten Lateinkenntnisse (der Buch- bzw. Wissenschaftssprache seiner Zeit) vieles nicht lesen konnte und sein Wissen großteils aus Gesprächen und vom Hörensagen bezog.

Auch kannte da Vinci die Kränkungen und Ausgrenzungen, die Legastheniker oftmals erfahren müssen: „Gegenüber den großen Kränkungen erhöhe die Geduld; dann werden diese Kränkungen deinen Geist nicht verletzen können!"

Nicht jeder legasthene Mensch muss ein Erfinder oder eine Berühmtheit werden, aber jedes legasthene Kind muss die Chance haben, aus seinem Leben das zu machen, was es möchte.

Auch für Ihr Kind ist vieles möglich – auch jenseits der Sprachsymbole und der Kulturtechniken unseres Schulsystems!

Viele bekannte Persönlichkeiten sind bzw. waren LegasthenikerInnen:
- Johannes Gutenberg (Erfinder der Buchdruckkunst, 1397–1468)
- Napoleon Bonaparte (Kaiser und Feldherr, 1769–1821)
- Hans Christian Anderson (Schriftsteller, 1805–1875)
- Charles Darwin (Begründer der Evolutionstheorie, 1809–1882)
- Albert Einstein (Entdecker der Relativitätstheorie, 1897–1955)
- Alfred Hitchcock (Autor und Filmregisseur, 1899–1980)
- Agatha Christie (Autorin, 1890–1976)
- Ernest Hemingway (Schriftsteller, 1899–1961)
- Franklin D. Roosevelt (US-Präsident, 1882–1945)
- Walt Disney (Trickfilmproduzent, 1901–1966)
- Winston Churchill (Premierminister, 1874–1965)
- John D. Rockefeller (Industrieller, 1839–1937)
- Dwight D. Eisenhower (US-Präsident, 1890–1969)
- John Lennon (Sänger, 1940–1980)
- Whoopi Goldberg (Filmschauspielerin)
- Steven Spielberg (Filmregisseur)
- George W. Bush (US-Präsident)
- Karl Gustaf XVI. (König von Schweden)
- Victoria (Kronprinzessin von Schweden)
- Tom Cruise (Filmschauspieler)
- Jackie Stewart (Formel-1-Weltmeister)
- Tommy Hilfinger (Modedesigner)

All diese Menschen sind ein Sinnbild dafür, dass Legasthenie kein Grund zum Aufgeben ist, auch wenn der Weg bis zum Erfolg oft ein steiniger und steiler ist. Legasthene erfolgreiche Menschen bestätigen durchwegs, dass sie durch die Mehrarbeit, die sie als Kind leisten mussten, Arbeiten und Durchhalten gelernt haben.

TIPP:

Das Geheimnis der verlorenen Buchstaben (www.ditt-online.org) Diese dreisprachige CD-ROM soll jungen Legasthenikern helfen, ihre Stärken und Schwächen zu entdecken. Das fröhliche interaktive Spiel lädt mit Tim und Struppi zu Professor Balduin Bienlein ein. In der Galerie erzählen berühmte Legastheniker ihre Geschichte. Im Spiegelsaal werden dem User selber persönliche Fragen zum eigenen Lernverhalten gestellt. Im gefährlichen Kellerverlies werden diese Lernblockaden bearbeitet. Diese CD ersetzt kein Legasthenietraining, ist allerdings eine Ermutigung und Bestätigung für legasthene Kinder!

FAZIT

Legasthenie muss keine negative Zukunftsprognose für Ihr Kind darstellen. Berühmte, erfolgreiche LegasthenikerInnen beweisen das Gegenteil.

Setzen Sie aber keine zu hohen Erwartungen in Ihr Kind. Helfen Sie ihm, sein Leben mit seinen speziellen Stärken und Schwächen zu gestalten und auf seine persönliche Weise erfolgreich zu sein!

16. GLOSSAR

Agraphic = die Unfähigkeit, sich trotz entsprechender Intelligenz schriftlich richtig auszudrücken. Ersichtlich ist ein unvollständiges, ungeordnetes, fehlerhaftes und mühselig wirkendes Schriftbild.

Akustisch-auditiv = den Ton, Klang, den Hörsinn betreffend

Akustische (auditive) Differenzierung = Unterscheidung von (ähnlich klingenden) Lauten

Akustische Durchgliederung = Teilfunktion des Leselernprozesses (z. B. bei mehrsilbigen Wörtern)

Akustisches (auditives) Gedächtnis = akustische Merkfähigkeit

Akustische Raumlagefixierung = Stellung des Lautes in einem Wort (Übereinstimmung des geschriebenen Wortes und der Lautklangfolge)

Akustische (auditive) Serialität = Fähigkeit, Buchstaben oder Laute in der richtigen Reihenfolge zu hören

Akustische Synthese = Zusammenhören von Wortmerkmalen. Dieser Prozess erfordert eine Sinn- und Worterwartung (Vorausschauendes Lesen).

Alexie = (engl. alexia) = Leseunfähigkeit. Man unterscheidet „literale A." (Einzelbuchstaben werden nicht erkannt) und „verbale A." (Wörter werden nicht erkannt).

Aufmerksamkeit = die Fähigkeit „ganz bei der Sache" zu sein, „sich auf eine Tätigkeit zu konzentrieren"

Doppellaut (Diphtong) = die Laute ei, ai, eu, au, äu

Dyslexie = Legasthenie

Dyskalkulie = Rechenschwäche

Figur-Grundwahrnehmung = Fähigkeit, aus verschiedenen visuellen Eindrücken das Wesentliche herauszufiltern

Funktion = Aufgabe

Funktionaler Analphabetismus = der Zustand von mangelnder Lese- und Schreibfähigkeit Schulentlassener (bei Personen ohne geistige Behinderung)

Ganzheitliches Worterkennen = Wörter werden an ihrer Wortgestalt erkannt

Graphem = kleinste bedeutungsunterscheidende Schrifteinheit (Buchstabe oder Buchstabengruppe)

Haptische Wahrnehmung = taktile Wahrnehmung

Intelligenz = Fähigkeit des Menschen, abstrakt und vernünftig zu denken und daraus zweckvolles Handeln abzuleiten

Intermodalität = die Fähigkeit, Wahrnehmungsinhalte aus verschiedenen Sinnesgebieten miteinander zu verbinden

Kinästhetische Wahrnehmung = Tiefensensibilität. Durch diese Komponente der haptischen Wahrnehmung wird eine Bewegungsempfindung und das Erkennen der Bewegungsrichtung möglich.

Konsonanten = Mitlaute (alle Buchstaben außer a, e, i, o, u – Vokale)

Körperschema = Vorstellung einer schematischen Aufteilung des Körpers in eine rechte und linke Hälfte, oberen und unteren Teil

Lautsynthese = Fähigkeit, Laute zu einem Lautklangbild zu verbinden

Legasthenie = (griech. legein = lesen, Astheneia = Schwäche) laut ICD (Internationale Klassifikation der Krankheiten) ist Legasthenie eine „umschriebene Entwicklungsstörung der Lese-Rechtschreibfertigkeiten bei normal entwickelter Intelligenz". Ein Kind gilt dann als legasthen, wenn es beim Lesen und bei der Rechtschreibung deutlich schlechter abschneidet, als die (nichtsprachliche) Intelligenz es vermuten lassen würde.

Morphem = kleinste (bedeutungstragende) Einheit eines Sprachsystems (Jau-se, Ha-se)

optisch = **visuell** = den Sehsinn betreffend

Optische Differenzierung = Unterscheidung nach Größe, Form ...

Optische Durchgliederung (Gestaltauffassung) = es müssen sowohl Einzelteile (Einzellaute) als auch das Ganze (Wortgestalt) beim Lesen erfasst werden

Optisches Gedächtnis (visuelles Gedächtnis) = optische Merkfähigkeit

Optische Raumlagefixierung = der Sinn eines Wortes ergibt sich aus der bestimmten Stellung des Buchstabens

Optische Serialität = optisch Wahrgenommenes (Sehen) in der richtigen Reihenfolge erkennen

Orthografie = Lehre von der Rechtschreibung

Phonem = kleinstes bedeutungsunterscheidendes Segment eines Sprachsystems (z. B. das „i" und „u" in „Lift" und „Luft")

Primärlegasthenie = ein Kind hat Schwierigkeiten beim Erlernen des Schreibens und Lesens, es ist bei diesen Tätigkeiten häufig nicht bei der Sache. Ursache für diese Unaufmerksamkeit ist die abweichende Ausprägung der Sinneswahrnehmungen, die für das Schreiben und Lesen benötigt werden.

Raumorientierung = Zurechtfinden in Raum und Zeit

Raumwahrnehmung = Erkennen der räumlichen Anordnung von Dingen hinsichtlich ihrer Stellung, Richtung, Entfernung, Größe und Ausdehnung.

Rezeptor = Empfangsstelle einer speziellen Zelle (z. B. Nervenzelle) für äußere und innere chemische oder physikalische Reize

Sekundärlegasthenie = entsteht meist, wenn ein Kind nicht als Legastheniker erkannt wird und deshalb nicht die geeigneten Fördermaßnahmen erhält. Die Auswirkungen können von mangelnder Frustrationstoleranz über Impulsivität, Aggressionen, Depressionen, Abwehrhaltung bis zu asozialem Verhalten reichen.

Sekundärer Analphabetismus = liegt dann vor, wenn bei einer Person eine Beschulung des Lesens und Schreibens durchgeführt wurde, aber diese Fähigkeiten infolge von Nichtanwendung nicht mehr ausreichend vorhanden sind

Sensorik = die Organe der Sinneswahrnehmung betreffend: Augen (optischer Sensor), Ohren (akustischer Sensor), Nase (olfaktorischer Sensor), Zunge (Geschmackssinn), Gefühl (thermischer Sensor)

Sensomotorik = Prozesse der Sinneswahrnehmung und deren Verarbeitung zur gezielten Steuerung von Bewegungen oder anderen Körperreaktionen

Sensorische Integration = die Koordination, das Zusammenspiel unterschiedlicher Sinnesqualitäten und Systeme

Sinne = Gehörsinn, Geruchssinn, Geschmackssinn, Gesichtssinn, Tastsinn, Temperatursinn, Schmerzempfindung, Gleichgewichtssinn und Körperempfindung

Symptom = Merkmal/Zeichen

Symptomfehler = sichtbare Auswirkung der Lese-Rechtschreib-Schwäche, orthografische Fehler des legasthenen Kindes

taktil = haptische Wahrnehmung (griech. haptikos = greifbar, Tastsinn). Sinneswahrnehmung, mit der bestimmte mechanische Reize wahrgenommen werden können. Die Gesamtheit der haptischen Wahrnehmungen erlaubt es dem Gehirn, Berührungen, Druck und Temperaturen zu lokalisieren und zu bewerten. Unterscheidung zwischen taktiler Wahrnehmung (= Oberflächensensibilität) und kinästhetischer Wahrnehmung.

Vokale = Selbstlaute: a, e, i, o, u (können lang oder kurz ausgesprochen werden – bedeutend für orthografische Regeln)

Vestibuläre Wahrnehmung = Gleichgewichtssinn, Sinneswahrnehmung, mit der Lageveränderungen und Lagewechsel bzw. Rotation wahrgenommen werden

Wahrnehmung = Prozess der bewussten Informationsaufnahme eines Menschen über seine Sinne

17. WICHTIGE LINKS

Österreich

Erster Österreichischer Dachverband Legasthenie – www.legasthenie.at
Bundesverband Legasthenie Österreich – www.legasthenie.org
Austrian Legasthenie News (Zeitung) – www.A-L-N.com
Legasthenietrainer aus aller Welt – www.legasthenietrainer.com
Kärntner Landesverband Legasthenie – www.legasthenie.com
Oberösterreichischer Landesverband Legasthenie – www.legasthenie.org
Tiroler Landesverband Legasthenie – www.legasthenie.org
Initiative LEGA Vorarlberg – www.lega.at
Wiener Landesverband Legasthenie – www.wll.at
20-minütiger Vortrag zum Thema Legasthenie – www.vortrag.org
Arbeitsblätter zum Thema Legasthenie – www.arbeitsblaetter.org/ab.php
Berufsverband Akadem. LRS-TherapeutInnen – www.lrs-therapeuten.org

Deutschland

Dachverband Legasthenie Deutschland – www.DVLD.de
Bundesverband Legasthenie – www.bvl-legasthenie.de
Website für legasthene Kinder – www.legakids.net

Schweiz

Legasthenietrainer Schweiz – www.legasthenietrainer.com
Verband Dyslexie Schweiz – www.verband-dyslexie.ch

DANKSAGUNG

Karl, Florian, Christopher und Melissa: Danke für Euer Mittragen und die Ermutigung beim Schreiben.
An alle Fachpersonen, Verbände und Verlage ein Dankeschön für die bereitwilligen Auskünfte.
Danke an meine Legasthenietrainingskinder und deren Eltern für ihre ehrlichen Berichte.
Frau Dr. Kleibel, Frau Obermair und Frau Pohler danke ich für die fachlichen Tipps.
Mein aufrichtiger Dank gilt allen Personen aus meinem Lebens- und Arbeitsumfeld, die auf die unterschiedlichste Art und Weise zum Gelingen dieses Buches beigetragen haben.

Roswitha Wurm, Dipl-Ing., studierte Agrarwissenschaften. Die Autorin ist Diplomierte Legasthenie- und Dyskalkulietrainerin mit eigener Praxis.
Seit vielen Jahren unterrichtet sie leserechtschreibschwache Kinder in Deutsch, Mathematik und Englisch.
Neben der Unterrichtstätigkeit Veröffentlichungen in Fachzeitschriften in Österreich, Deutschland und der Schweiz.
Die dreifache Mutter lebt mit ihrer Familie in Wien.

Friedrich, Max H.
Kinder ins Leben begleiten
Vorbeugen statt Therapie
Kt., 144 Seiten, Format 14,5 x 20,5 cm
3-209-04037-0
Euro 12,80

Wilk u.a.
Leben mit Stiefeltern
Wie Kinder sich fühlen und was sie brauchen
Kt., 128 Seiten, Format 14,5 x 20,5 cm
3-209-04261-6
Euro 12,80

Das Buch des bekannten Kinder- und Jugendpsychiaters Max H. Friedrich zeigt, wie Eltern die positive Entwicklung ihres Kindes von Anfang an optimal fördern können. Das praktische und aktuelle Lese- und Nachschlagewerk umfasst die Lebensspanne des Kindes von der Geburt bis zum Eintritt in die Pubertät.

Typische Ereignisse im Leben des Kindes erfreulicher wie dramatischer Art werden thematisiert. Für Konflikte und Krisen bietet der Autor Lösungsstrategien an, die gleichzeitig helfen sollen, mehr Gelassenheit in den Erziehungsalltag zu bringen.

Wie geht es Kindern, die einen Stiefvater oder eine Stiefmutter haben? Wie finden sie sich in ihren Familien zurecht? Welche Bedingungen brauchen sie, damit sie sich wohl fühlen können?

Die beiden Soziologinnen Liselotte Wilk und Ulrike Zartler bieten eine komplexe Darstellung des Lebens von Stieffamilien und schildern, wie Kinder ihre Beziehung zu den einzelnen Familienmitgliedern erleben. Das Buch gibt darüber hinaus zahlreiche Hilfestellungen, die es Erwachsenen ermöglichen, die Situation der Kinder besser zu verstehen und entsprechend zu handeln.

www.oebvhpt.at

Burtscher, Irmgard M.
Entdeckungsreise in die Welt
Eltern sind die ersten Lehrer
Kt., 120 Seiten, Format 14,5 x 20,5 cm
3-209-04675-1
Euro 12,80

Leibovici-Mühlberger, Martina
Voll fit für die Zukunft
Erziehung im Zeitalter der Globalisierung
Kt., 152 Seiten, Format 14,5 x 20,5 cm
3-209-04674-3
Euro 12,80

Ein Kind kommt „auf die Welt". Die Entdeckungsreise kann beginnen. Am besten mit Unterstützung der Eltern. Mit Eltern, die es spannend finden, noch einmal ganz von vorne anzufangen, diesmal in der Rolle der Reisebegleiter. Und die sich fragen: Wie geht es meinem Kind auf dieser Welt? Wie wirkt die Welt auf mein Kind? Was interessiert mein Kind an der Welt?

Die Erziehungswissenschaftlerin Irmgard M. Burtscher beschreibt die ersten Lebensjahre des Kindes vor Schuleintritt, mit einem gelegentlichen Ausblick auf die anschließende Bildungszeit.

Welche Eigenschaften und Fähigkeiten werden unsere Kinder benötigen, um sich im Erwachsenenleben erfolgreich einen Platz an der Sonne zu sichern? Angesichts der rasanten gesellschaftlichen Umwälzungen der beiden letzten Jahrzehnte und der zunehmenden globalen Vernetzung aller Lebensbereiche fragen sich immer mehr Eltern, welchen Richtlinien eine Erziehung folgen muss, um Kinder mit den neuen Spielregeln vertraut zu machen.

Die Ärztin und Psychotherapeutin Martina Leibovici-Mühlberger entwickelt einen praxisorientierten Leitfaden für Eltern und Pädagogen.

www.oebvhpt.at